LORETO SERRANO

Con prólogo de **Juanma Romero**
y preámbulo de **Isabel Entero**

LO QUE LA VIDA ESCONDE

Mientras hay vida, hay un camino: supera tus límites y alcanza tus sueños

*Con todo mi amor dedico este libro
principalmente a mis hijos Rubén, Óscar
y Beatriz por haber dado sentido y luz a
mi vida. Por permitirme sentir el verdadero
amor incondicional que nace de una madre
y que es correspondido por unos hijos.*

ÍNDICE

PRÓLOGO

Loreto Serrano en *Lo que la vida esconde* no se limita a comentar temas de pasada, sino que nos abre una ventana al mundo poniendo negro sobre blanco el tema de las adversidades —que siempre llegan en esta vida— y nos habla de cómo afrontarlas.

Pretende y consigue ayudarnos a superar situaciones dolorosas para sufrir lo menos posible. Está claro que sufrir vamos a sufrir, pero cuanto menos suframos mejor.

Evidentemente, Loreto no nos habla de oídas, sino desde su propia experiencia personal, que es la única forma de llegar al corazón del lector.

Esas experiencias y emociones le sirvieron en su momento, y le siguen sirviendo, para salir adelante e intentar cumplir sus sueños. Porque todos soñamos con cumplir nuestros sueños.

Una gran ventaja de este trabajo de Loreto es que no solo nos habla de lo que le ha pasado, sino de los aprendizajes adquiridos en el camino que, a mí como lector, me han resultado de gran interés.

Estoy seguro de que en algún momento de mi vida voy a poder hacer uso de esas experiencias. Y será entonces cuando realmente aprecie todo el valor de *Lo que la vida esconde*.

Loreto no solo nos propone una guía de crecimiento personal, sino que nos ayuda a encontrar ese camino que nos va a permitir seguir avanzando.

Me comentaba Loreto que, en ocasiones, no es fácil saber lo que queremos en la vida y menos cuando nos acompaña una enfermedad. Lo conozco perfectamente porque hace tres años me diagnosticaron un cáncer del que afortunadamente estoy repuesto.

Esta situación te cambia la vida y lo que antes era importante ahora no vale nada, y a lo que antes no le prestabas mayor atención ahora se ha convertido en algo significativo, trascendental, en tu vida. Esa es la enseñanza que sacamos de la enfermedad y esa es la lección que podemos entrever en *Lo que la vida esconde*.

Este libro nos facilita una serie de herramientas y recursos para ayudarnos a efectuar cambios sustanciales en nuestra vida para vivir mejor y, sobre todo, para ser más felices, que es de lo que se trata.

Soy de los que piensan que la felicidad como estado continuo no existe, pero siempre la buscamos. Eso no significa que no tengamos momentos de felicidad, que sí los tenemos, y son esos instantes los que dan sentido a nuestra vida.

La felicidad, aunque en pequeñas dosis, siempre viene por los caminos más insospechados. A veces llega a nosotros como consecuencia de una adversidad, gracias al camino que recorremos para intentar alejarnos de ese revés de la vida.

Encontrar esa felicidad es un trabajo para toda la vida y Loreto nos ayuda ofreciéndonos información útil para andar ese trecho. Y lo hace recordándonos que uno de los puntos de referencia es el amor, que es lo que nos mueve a la mayoría de los seres humanos. Me refiero a los seres humanos sensatos, con valores y sentido común.

Loreto, muchas gracias por compartir con todos nosotros tu experiencia vital en *Lo que la vida esconde*.

JUANMA ROMERO

Director y presentador del programa Emprende de TVE,
escritor, conferenciante, formador y networker

PREÁMBULO

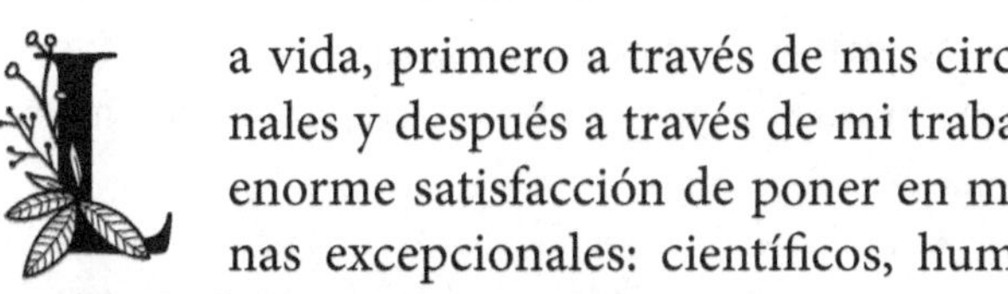

a vida, primero a través de mis circunstancias personales y después a través de mi trabajo, me ha dado la enorme satisfacción de poner en mi camino a personas excepcionales: científicos, humanistas, políticos, profesionales sanitarios, etcétera.

Pero, de entre todas las personas que he tenido la oportunidad de conocer a lo largo de mis 38 años al frente de la Fundación Renal, los que más me han marcado han sido los pacientes renales. Su capacidad para hacer frente a la adversidad que supone una enfermedad crónica, unido al espíritu de superación de muchos de ellos, han supuesto para mí todo un ejemplo que ha guiado toda mi trayectoria vital.

Y de entre todos los enfermos renales que en estos años he tenido oportunidad de conocer, Loreto ocupa, sin duda, un lugar destacado. Fui testigo, tal y como ella relata en este libro, de sus primeras diálisis en el Centro Los Llanos de nuestra Fundación Renal. Del embarazo de Rubén, su primer hijo y nuestro primer embarazo de una paciente en diálisis. Pude ver sus miedos e incertidumbres, pero también su enorme fuerza de voluntad. Pude comprobar cómo aprovechaba el tiempo de sus diálisis diarias para estudiar cuando tenía los exámenes cerca, todo ello sin perder su sonrisa. Para todos nosotros, cuando estaba ella, era como abrir una ventana y dejar que entrara el aire fresco.

Loreto es una de las pacientes que nunca hemos perdido de vista, que forma parte de la familia de la Fundación Renal. Siempre hemos mantenido el contacto con ella y hemos seguido su trayectoria con gran admiración e interés. Sus trasplantes, los rechazos, la vuelta a diálisis, el nacimiento de sus gemelos, su carrera profesional, en definitiva, la hemos acompañado en la distancia y hemos comprobado la fortaleza, la capacidad de lucha y la resiliencia ante la adversidad, que, en todos estos años de convivencia con la enfermedad, le ha proporcionado su amor por la vida.

Y precisamente eso es este libro, una lección de vida. A través de su lectura te das cuenta de que Loreto ha encontrado la ilusión del ser humano de trascender en la vida, aprovechando tanto las épocas de crisis, angustia y ansiedad, como las de alegrías de traer nuevas vidas al mundo y de gozar de la felicidad del amor. Por todo ello, gracias Loreto.

Isabel Entero Wandosell

Presidenta del Patronato de la Fundución Renal Iñigo Álvarez de Toledo

AGRADECIMIENTOS

omienzo esta página dándoles las gracias a mis hijos. Gracias por permanecer a mi lado, en los últimos años de diálisis, pendientes de que no me rindiese cuando se han dado cuenta de que podía hacerlo. Y por sus cuidados cuando los he necesitado. Mi gratitud es eterna.

A todas las personas que han estado en mi vida, mi agradecimiento por haber contribuido a mi desarrollo y conocimiento para descubrir lo que la vida esconde. Y mil gracias a las que a día de hoy permanecen a mi lado aportando su luz, su sabiduría y su amor para ayudarme a continuar con mi crecimiento personal.

Quiero aprovechar para dar infinitas gracias a los equipos médicos y de enfermería que me han atendido hasta la fecha, en estos últimos 32 años, a lo largo de mi aventura con la enfermedad. Son grandes profesionales sanitarios que han hecho posible que me haya mantenido con vida hasta el día de hoy.

Empiezo agradeciendo a todo el equipo médico y de enfermería que formaba parte del centro de hemodiálisis Los Llanos de Móstoles (perteneciente a la Fundación Renal Íñigo Álvarez de Toledo) y que estuvo a mi lado los tres años que me dialicé, entre 1992 y 1995. Gracias a todos ellos porque hicieron que esta etapa tan dura, más aún para una persona tan joven, fuera más fácil y en especial con mi primer embarazo. Me cuidaron y me dieron tanto cariño que conservo un amoroso recuerdo de todos ellos.

Gracias también al equipo médico y de enfermería del servicio de nefrología y hemodiálisis de la Fundación Jiménez Díaz de Madrid (Clínica La Concepción) por haber estado también esos años a mi lado. Y a ambos centros, un especial agradecimiento por haber apostado por sacar adelante mi embarazo cuando todo estaba en contra y era toda una proeza tener un hijo siendo una paciente en hemodiálisis. Mi hijo fue un feliz éxito de todos ellos.

Y sigo repartiendo mi agradecimiento al equipo médico de trasplantes de la Fundación Jiménez Díaz por su cuidado y dedicación durante mi primer trasplante que hizo posible que, además de vivir con una buena calidad de vida, pudiera traer al mundo a mis dos hijos, Óscar y Beatriz: otro éxito más cuando se le añade al hecho de estar trasplantada la complicación de tener que superar un embarazo gemelar.

Todavía me queda mucho por agradecer por lo que continúo con todo el equipo médico y de enfermería del servicio de hemodiálisis del Hospital Virgen de la Salud de Toledo.

Mi aventura con ellos empezó hace trece años, en enero de 2008. Durante este tiempo me han tratado y cuidado mientras he estado en hemodiálisis, en mi segundo trasplante y en los dos rechazos.

Su cuidado y atención se han convertido en una parte muy importante de mi vida y les tengo un gran cariño. También su gran profesionalidad ha hecho que durante estos años yo haya podido tener una calidad de vida que me ha permitido salir adelante e ir a por algunos de mis sueños.

Por último, mi agradecimiento al equipo actual de trasplantes del Hospital Doce de Octubre de Madrid por ayudarme con su profesionalidad, cariño y atención con mi tercer trasplante.

También grandes profesionales que forman ya parte de mi vida en esta nueva oportunidad de volver a vivir para seguir cumpliendo más sueños. A todos ellos quiero dedicarles este libro.

INTRODUCCIÓN

as adversidades llegan a lo largo de nuestra vida en diferentes ocasiones y con diferentes formas. A veces nos llegan con pequeñas advertencias y otras aparecen sin previo aviso como un jarro de agua fría. En ambos casos, y sin poder evitarlo, la vida le da la vuelta a nuestros planes llenándonos de incertidumbre y de emociones encontradas.

Son momentos en los que sentimos que la vida es dura e injusta y que no podremos afrontar lo que nos presenta. Perdemos la esperanza y la confianza sin ver más allá de lo que sentimos, bloqueando la posibilidad de encontrar opciones para avanzar.

Mi deseo al escribir este libro es poder ayudarte a superar esas dolorosas situaciones con el menor sufrimiento posible. Darte la esperanza y la confianza de que puedes saltar los obstáculos del camino y avanzar en tu vida disfrutando de lo bueno que te vas encontrando. Te agradezco la oportunidad que me das de poder llegar a ti.

En este libro te ofrezco mis propias experiencias, mis emociones y lo que a mí me sirvió para salir adelante y cumplir mis sueños. Y, además, te doy una guía en la que apoyarte y comprender cuál es tu proceso, cómo avanzar y cómo dar sentido a lo vivido. Te ayudo con nuevas herramientas que hubiesen hecho más fácil mi camino si las hubiese conocido antes y con las que quiero allanar el tuyo. Quiero enseñarte a aliviar tu sufrimiento para que sea más llevadero que el mío.

Mi experiencia ante la adversidad y la superación comienza con una enfermedad que, a partir de entonces, me acompañaría el resto de mi vida condicionando así mi forma de vivir. Es por ello que me centro en este libro en cómo superar una enfermedad crónica y aprender a vivir con ella, aunque todo lo que comparto, en realidad, puede servir para superar cualquier adversidad o crisis que nos toque pasar.

He sorteado grandes obstáculos, con gran esfuerzo y sufrimiento, y a la vez he logrado grandes sueños, pudiendo estar hoy en día en paz y agradecida por todo lo vivido. Pero, más allá del sufrimiento, soy consciente de lo mucho que he evolucionado como persona y sé cuál es mi propósito para el resto de mi vida. El camino del desarrollo personal no tiene fin: a medida que avanzas, te va mostrando nuevas oportunidades y maravillas que vivir.

Desde muy joven en mi vida han aparecido grandes pedruscos en fila, uno detrás de otro, en forma de retos, a cuál más difícil, y que me llevaron a desarrollar mi resiliencia, a sacar mi fuerza interior y a agarrarme a la vida con uñas y dientes.

En mis últimos 32 años he tenido tres trasplantes de riñón con dos rechazos y sus consiguientes tres entradas al tratamiento de hemodiálisis y a lista de espera para trasplante. Todo ello acompañado de más de veinte operaciones en mi cuerpo y dos duros embarazos de alto riesgo.

En medio de todo, logré terminar mi carrera de Farmacia, formar una familia y un hogar con mis tres hijos, desarrollar una carrera profesional en diferentes puestos y empresas, continuar ampliando mi formación y lograr sobrevivir a un divorcio después de 30 años de relación, con 27 de matrimonio, que llegó a convertirse en una tortuosa relación.

En mi desarrollo personal, he ido adquiriendo conocimientos y prácticas que me han ayudado a disfrutar de la vida con menor dolor y sufrimiento que en el pasado, aunque la enfermedad siga siendo una compañera de viaje. Deseo compartir todo lo que he aprendido y he logrado para ayudarte a lograr que tú también disfrutes de tu día a día consiguiendo darle sentido a tu vida.

En contra de todo pronóstico, he podido cumplir sueños, he podido ver lo que la vida esconde en ella y lo que hay en nuestro interior, y he comprobado lo que podemos descubrir si nos damos la oportunidad. Veo con claridad todo lo conseguido, me siento agradecida por todo lo aprendido y por los regalos que la vida me ha dado.

Y no es que las adversidades, crisis o problemas hayan desaparecido de mi vida, porque siguen estando ahí. Es que he comprendido que forman parte de nuestro crecimiento, que son cambios necesarios para poder transformarnos en mejores personas y que nos ayudan a aprender cómo hacerles frente y a avanzar.

De vez en cuando, el caos entra en mi escenario, pero ahora tengo conciencia de qué soy, de quién soy y de lo que quiero para mi vida. Ahora identifico este caos y me enfrento a él con los recursos adecuados para sacar lo mejor de mí. Tras el remolino, logro actuar con comprensión, aceptación y amor y, gracias a todos los recursos que tengo, consigo volver a mi equilibrio.

Una enfermedad crónica o de larga duración se puede convertir en una gran limitación para vivir con plenitud y junto con otras adversidades que se nos presentan en la vida pueden llegar a formar un gran muro que tape todas las salidas en nuestro camino.

Como consecuencia, las emociones, la autoestima, la motivación, la confianza y las esperanzas se ven afectadas apareciendo miedos e inseguridades que nos bloquean e impiden que tengamos la vida que queremos.

En mi juventud, nunca imaginé que pasaría por las vivencias que he llegado a denominar *lo más difícil todavía*. Situaciones que me llevarían a resurgir de mis cenizas una y otra vez como el ave fénix. Y que después, milagrosamente, lograría florecer de nuevo como la flor de loto. Historias con las que me siento identificada y por ello sus imágenes están en la portada.

Este libro es un canto a ese resurgir, a conseguir florecer, a la esperanza, a la confianza en el futuro, a la ilusión y a la fuerza de la vida. Es un canto con una melodía con la que te invito a que vivas la vida que deseas.

Ha habido varias ocasiones en las que, personas de mi entorno, me preguntaron por qué no escribía un libro con todo lo que me había tocado vivir y explicando cómo había logrado superar tantos duros momentos. Lo pensaba y no llegaba a encontrar cómo escribirlo, ni cómo con ese libro podía ayudar a otras personas. No sabía explicar cómo había logrado continuar con la vida y tampoco qué beneficios podría aportar con mi historia.

Y es ahora, una vez alcanzada la claridad en mi vida, tras mi crecimiento personal y espiritual, cuando he descubierto lo que puedo ofrecer y con lo que puedo ayudar. Es el momento adecuado para transmitir a través de estas líneas toda mi esencia y el sentido de lo vivido.

Todos los pasos que voy describiendo a lo largo del libro han sido parte de mi propio proceso y los resultados han logrado una transformación en mí que me lleva a vivir el presente eligiendo mi paz y a disfrutar de mi camino, incluso en los momentos de caos porque entiendo que son grandes aprendizajes.

Y todo mi proceso, con lo vivido y aprendido a lo largo de mi vida personal y profesional lo he unido en un método que aplico en mis sesiones y formaciones para lograr esa vida que tanto deseamos. Esa vida que nos va a dar bienestar y satisfacción. He unido todo lo que a mí me ha servido para compartirlo y dar la oportunidad a otras personas de aprender cómo conseguir la vida que desean.

En el ser humano existen cuatro pilares fundamentales que hay que cuidar y mantener en equilibrio para llegar a esta vida plena.

Esos cuatro pilares son nuestro cuerpo, nuestra mente, nuestras emociones y nuestro espíritu.

Y en esto se basa mi propósito, en acompañar y dar las pautas para conseguir superar las adversidades, saltar las vallas y lograr llegar a la meta trabajando en esos cuatro pilares para lograr su equilibrio y, con ello, vivir una vida plena. El método que he creado lo he denominado *Consigue la Vida que Deseas (método CVD)*.

Es un proceso de desarrollo personal que lleva al cuidado del cuerpo basado en consejos de salud, al desarrollo del poder de la mente mediante la programación neurolingüística, el coaching y la neurociencia, al equilibrio de las emociones a través de la inteligencia y gestión emocional, y a la conexión con la esencia, con la parte más espiritual, con la intuición y con tu ser interior a través de técnicas como la meditación, el *mindfulness* y la comunicación con el inconsciente.

Con la parte espiritual no me refiero a ninguna religión, me refiero a la parte espiritual que todos tenemos en nuestro interior, por la que logramos ser buenas personas, con amor, paz y sin hacer daño a los demás. Desarrollarla es la cúspide de nuestro proceso de crecimiento.

Y en este método he apoyado el orden que lleva el libro. Vas a ir trabajando la mente, las emociones y tu parte espiritual para ir limpiando capas de todo lo que te daña y te frena. Y vas a poder desarrollar y potenciar todo lo que te beneficia para conseguir una mejor versión de ti.

Siguiendo el libro puedes ir pasando niveles y avanzando, siempre a tu ritmo. No he incluido la parte del cuerpo porque es un pilar a trabajar de una forma personalizada si hay una enfermedad crónica.

Es un libro que te apetecerá leer varias veces y en cada una sentirás cómo vas avanzando en tu propio proceso limpiando capas y aumentado tu autoconocimiento. Irás consiguiendo un crecimiento personal cada vez mayor hasta llegar a acceder al poder que hay dentro de ti para crear la vida que quieres vivir.

El proceso de desarrollo personal es una escalera en el que vas ascendiendo a niveles superiores. Todo lo que aprendes en tu proceso lo vas integrando dentro de ti y recurres a ello cada vez que lo necesitas.

Por este motivo, sigo practicando todas estas técnicas en mi vida cada vez que las necesito y, con la práctica, consigo unos resultados cada vez más rápidos y eficaces.

Hay momentos en los que las adversidades pueden desequilibrar alguno de estos pilares, pero las consecuencias ahora son más sutiles porque ahora sí sé qué es lo que tengo que hacer cuando esto sucede para conectar con mi poder interior y para tomar los recursos que en ese momento necesito.

Al final, tras ese desequilibrio, consigo volver a mi centro y disfrutar con agradecimiento de todo lo bueno que me ofrece la vida. Y en este libro te voy a explicar cómo lograrlo.

En nuestro camino hay momentos muy duros, momentos con sufrimiento, con dolor físico y emocional, recaídas que nos llevan a la desesperación y en las que se requiere un gran esfuerzo y paciencia para superarlas. Estos momentos parecerán insalvables, pero no es así, se puede salir de nuevo y con menor esfuerzo cada vez.

Al terminar el libro sabrás que tienes recursos y herramientas que te van a ayudar a realizar los cambios que necesites para lograr una vida deseada y elegida por ti.

Este es el libro que me hubiese gustado tener a mis 23 años cuando entré a diálisis por primera vez e inicié mi batalla por la vida para mantenerme en ella. Mi camino hubiese tenido menos sufrimiento y lucha. Y el grado de bienestar que he conquistado hoy en día me hubiese llegado antes.

Tú ahora tienes el poder de decidir cómo quieres que sea tu vida, cómo quieres que sea tu camino y así descubrir lo grande que eres. Tienes la oportunidad de abrirle la puerta al gran poder que hay dentro de ti para superar las adversidades y lograr lo que te propongas. Tu vida es lo que tú hagas de ella y es bella si tú pones la belleza. Lo puedes elegir aquí y ahora.

Mientras hay vida, hay un camino. Agradecer por todas las salidas que se nos presentan ante los momentos difíciles y disfrutar de los pequeños logros conseguidos nos conduce a vivir con sentido.

CAPÍTULO I:
MI HISTORIA

1. MI HISTORIA

A medida que avanzamos por el camino de la vida, nos vamos topando con algunos senderos que nos toca atravesar y que nos traen grandes aprendizajes. A cada uno le toca los suyos, con sus retos y sus dificultades. A lo largo de mi trayectoria, y desde muy joven, puedo decir que me he ido encontrando con caminos que marcarían el resto de mi vida.

Estos senderos, con grandes aprendizajes, me han llevado hasta donde he llegado hoy y han forjado la persona que soy. Puede que al principio no me resultara fácil ver o comprender la sabiduría que entrañaba cada una de esas experiencias, pero cuando, de pronto, los aprendizajes empezaron a integrarse, a salir a la luz, dotaron de sentido a todo lo vivido.

Llevo 32 años conviviendo con mi enfermedad. En este tiempo, he tenido la oportunidad de vivir distintas experiencias en carne propia y de observar de cerca las vidas de otras personas que también tuvieron, en un momento dado, que enfrentarse a una serie de condiciones especiales, que cambiaron el rumbo de su vida para siempre.

Esta enfermedad me ha llevado a saludar a la muerte en varias ocasiones. También he conocido a otras personas que han estado al borde del mismo precipicio: conocer sus experiencias personales me ha aportado diferentes perspectivas a la misma situación.

La primera encrucijada que recuerdo tuvo lugar cuando yo tenía siete años y me atropelló un coche; estuve inconsciente mucho tiempo. No recuerdo nada de ese momento, solo despertarme en la ambulancia, volver a perder el conocimiento y aparecer en el hospital. Y recuerdo una dura y larga recuperación con la nariz llena de gasas por dentro y en cama.

La segunda, la atravesé a los doce años con unas fiebres de origen desconocido, que me duraron unos seis meses, cuatro de los cuales estuve ingresada en un hospital. Estas experiencias empezaron a abonar el terreno de la resiliencia y del coraje que hoy forman parte de mí. Tras estas vivencias, puedo decir que el resto transcurrió de manera más o menos normal, y que pude disfrutar de mi adolescencia con su típica rebeldía.

Pero, a los 19 años, la vida me volvió a poner delante una piedra en el camino. Recibí la noticia de que tenía la tensión alta debido a una insuficiencia renal. Esta insuficiencia renal la provocaban mis propias defensas, las inmunoglobulinas A, que estaban necrosando mis riñones y, por tanto, destruyendo sus células; había que esperar a ver qué daño se producía y si este proceso paraba o seguía avanzando hasta que los riñones dejaran de funcionar.

En esos momentos, la noticia me vino grande y no fui capaz de asimilarla, no fui consciente de lo que podía entrañar. Imagina, me habían prescrito un tratamiento para la hipertensión que debería tomar el resto de mi vida, con una dieta baja en sal, y tenía que seguir un control porque el funcionamiento de mis riñones podía empeorar. Mi mente reaccionó diciéndose: "No pasa nada, te cuidas, tomas tu tratamiento y ya está. ¡A seguir con tu vida!".

Era una joven llena de ilusiones, con ganas de vivir, con miles de planes para mi futuro y con una gran fuerza por naturaleza que me impulsaba a superar los obstáculos que se me ponían delante. Lo que nunca imaginé era que la vida me daría tantas ocasiones para poner a prueba esa fuerza y que, en algún momento, vería cómo se agotaba del todo.

Ya había salvado las dificultades de no poder pagar mis estudios universitarios. Mis padres, con tres hijos, no se lo podían permitir económicamente. Éramos una familia de clase media y lo cierto es que nunca nos faltó lo esencial, y pudimos disfrutar de algún capricho, pero lo justo. Siendo consciente de mi situación económica y de mis enormes ganas de estudiar y aprender cada vez más, empecé a trabajar. Unos años trabajando y otros con becas, pude llegar a licenciarme en farmacia.

Cuando me dieron esta primera noticia sobre mi enfermedad estaba en el primer curso de la carrera. Continué con mis estudios, la relación con mi novio que comenzamos cuando yo tenía 17 años, mis amistades, mis ilusiones y mis planes, sin dejar que la enfermedad condicionara mis ganas de vivir. Seguí todos los consejos médicos, el tratamiento que me pusieron y las consiguientes revisiones. Y así seguí desenvolviéndome, sin ser consciente de lo que la vida escondía para mí.

De pequeña siempre tuve la sensación de tener que aprovechar cada momento y lo vivía con gran intensidad emocional. Sentía que me iba a faltar tiempo para hacer todo lo que quería. Mi intuición ya me avisaba de que no iba a ser fácil y de que el tiempo sería un condicionante para mi futuro.

Cuando cumplí los veinte años, mi novio —de veinticinco— y yo decidimos irnos a vivir juntos. Esa idea no fue muy del agrado de nuestras familias, que consideraban que para dar ese paso había que seguir la tradición y casarse. Estábamos en 1989, y en España seguía habiendo familias con una mentalidad tradicional. De modo que, tras causar esta conmoción familiar y debido a nuestras ganas de estar juntos, cedimos y nos casamos.

Lo cierto es que todo salió muy bien y nos quedó un recuerdo muy bonito: al final nos alegramos de haberlo hecho. Yo continué con mi carrera, mis trabajitos y dando clases particulares para poder ganar un dinero. Mi marido tenía un trabajo estable y no nos sobraba el dinero, pero podíamos hacernos cargo de los gastos que teníamos.

Con 23 años, llegó la noticia que cambió mi vida para siempre. En este sendero me encontré un gran pedrusco. Me dijeron que mis riñones casi no funcionaban y que necesitaba la máquina de hemodiálisis para seguir viviendo hasta que me hiciesen un trasplante de riñón. ¡Dios mío! Para poder seguir viviendo tenía que conectarme tres días por semana a una máquina durante cuatro horas cada día. Y para poder conectarme a esa máquina me tenían que hacer una operación en el brazo que lo deformaría para toda mi vida: una operación necesaria para poder pinchar en el brazo las dos agujas con las vías que van al filtro de la máquina. Una de las agujas servía para sacar la sangre que pasa por el filtro que la limpia de las sustancias tóxicas que mis riñones no podían eliminar, y la otra para devolver la sangre a mi cuerpo. Dos grandes agujas, con las que me pincharían tres días a la semana.

Mi primera reacción tras esta noticia fue quedarme en estado de *shock*; después llegó una fase de negación en la que me decía: "No es verdad esto que me están diciendo, no es verdad. ¿Y mi vida? ¿Y todos mis planes? Pero, ¡si yo tengo muchas ganas de vivir!".

Llegó una tormenta de pensamientos que me produjeron angustia, miedo, pánico, tristeza y de nuevo miedo, angustia, tristeza, pánico y sensación de injusticia... En cuestión de segundos me invadió un tsunami de emociones que no sabía cómo gestionar y que nadie me había enseñado cómo hacerlo. Solo quería llorar, gritar, pedir auxilio.

En esos momentos vi a mi madre al lado, frente al doctor, con cara de estar también en medio de su propio tsunami. Mi foco pasó de lo que yo sentía a procurar no hacer sufrir a nadie, y mucho menos a mi madre, por lo que me estaba pasando a mí. Oculté toda esa tormenta de emociones, mis sentimientos y mis miedos.

No dejé que surgieran, no gestioné todo lo que pasaba por mi mente, lo que sentía y lo que invadía todo mi ser. Lo que hice inmediatamente fue recurrir a la fuerza que había dentro de mí para que no se notara mi dolor. Me puse la coraza que había aprendido a ponerme desde pequeña para no sufrir por mi extrema sensibilidad y saqué mi cara de "no pasa nada, yo puedo con esto".

Aprendí a guardar en un cajón de sastre todo lo que me podía hacer vulnerable para no sufrir y poder continuar mi camino. Y la verdad es que, en ese momento, me sirvió para afrontar la situación a corto plazo.

Sin embargo, ahora sé que no era la mejor solución para mi interior. Ahora sé que en esos momentos, además de esa fuerza que saqué como un volcán para poder sobrevivir, también hubiese necesitado saber gestionar mis emociones, escucharlas, entenderlas y aceptarlas.

Pues bien. Acababa de vivir esa primera noticia como un tsunami. Pero lo que no sabía era que con los años me llegarían dos más, mucho más fuertes y devastadores.

A partir de mi primera entrada a diálisis se apoderó de mí un remolino de emociones que convirtieron mi vida en una montaña rusa de la que no sabía cómo bajar. Y mi marido, mi madre y mis hermanos no entendieron este subir y bajar porque tampoco sabían cómo hacerlo. Ante esta falta de comprensión inconsciente, tanto por mi parte como por la de mi entorno, volví a coger mi recurso favorito, el que yo dominaba, mi coraza, para no dejar que el sufrimiento se apoderase de mí.

Cuando entré por primera vez a la sala de hemodiálisis y me dieron mi primera sesión, emergió un cóctel de emociones abrumadoras con un ingrediente principal, el miedo, mucho miedo.

Ver cómo me atravesaban la piel esas enormes agujas y sentir ese dolor insoportable a medida que se iban hundiendo en mis venas me hizo llegar a pensar que no lo podría soportar, que esto era más de lo que podría aguantar con mis 23 años. Por aquel entonces no se usaban anestésicos locales para ponerlos en la piel antes de los pinchazos y no había más remedio que soportar el dolor. Me sentí vulnerable y con una sensación de caer al vacío sin encontrar dónde parar.

Tal como cuento en la introducción, tuve la suerte de estar rodeada de equipos fantásticos de médicos y enfermeras. Estos grandes profesionales, todos ellos personas extraordinarias, procuraron estar a mi lado en todo momento y allanarme el terreno con gran empatía y amor. Sin embargo, reconozco que, cuando empecé a sentir en primera persona esas sesiones, se apoderaron de mí emociones muy desagradables, miedos atroces que hacían que sintiera que me caía en picado sin ningún control.

Tras la primera sesión, tras haber experimentado tanto dolor físico y emocional, comencé a ponerme mi coraza para no mostrarme vulnerable. Cuando logré calmarme, pasadas unas semanas, pude usar mi razón y mi lógica y me enfrenté a las opciones que tenía para seguir adelante con mi vida y aprovecharla al máximo. Solo encontré una opción que fuera viable, la de ver a la máquina como mi aliada, como una posibilidad para seguir viva, y la única forma de conectarme a ella era a través de esas agujas que me habían parecido una tortura. La otra opción era la muerte, y no tenía cabida en mí.

Para soportar mejor el dolor de las agujas me ayudó aprender a pincharme yo misma bajo la supervisión de mi enfermera. Al tener que concentrarme en pinchar mi brazo correctamente el dolor disminuía. Esta práctica no era habitual, de hecho no lo realizaron con nadie más, me dieron esta posibilidad al ser joven y verme con la fortaleza suficiente para hacerlo. Te adelanto que cuando volví a entrar en diálisis la segunda vez, transcurridos quince años desde esta primera, fui incapaz de plantearme esta posibilidad de pincharme yo, mi fortaleza no era la misma.

Poder participar de forma activa en mi propio cuidado y empezar a ver el tratamiento de la hemodiálisis como una oportunidad para seguir viva, me dio fuerzas para continuar con mis planes y mis sueños. De pronto, podía materializarlos gracias a la máquina. Se había producido un cambio de actitud en mí. Y más aún con la posibilidad de que me pudieran trasplantar un riñón: empecé a ver a la máquina como el pasaporte que me mantendría viva hasta poder someterme a la operación.

Las sesiones de hemodiálisis no son agradables, y menos en el año 1992 que, aunque habían avanzado bastante desde sus inicios, no se podían evitar los efectos negativos del tratamiento. De las sesiones, hay días que puedes salir como si un camión te hubiese pasado por encima y no recuperarte hasta el día siguiente. Cuando llevas mucho tiempo le vas cogiendo el truco y te vas acostumbrando a estar unos días bien y otros mal. Hay días que se hace muy cuesta arriba vivir así y otros días lo llevas mejor por ser la única opción que tienes.

Empecé a entrar a las sesiones de diálisis con una sonrisa. Esta sonrisa me ayudó a continuar con mi vida ante la adversidad. Y no fui verdaderamente consciente de ella, hasta que me lo señalaron las personas que estaban conmigo en diálisis. He de reconocer que en ocasiones también me servía para esconder mi dolor, para disimularlo, pero no por ello dejaba de ser una sonrisa sincera, que nacía desde el corazón. Desde entonces, procuro que permanezca en mis labios. Y sí, es cierto que ha habido situaciones límite que han logrado eclipsarla, pero siempre he conseguido recuperarla de nuevo.

Enfocarme en mis planes de vida, más allá de mi enfermedad y la máquina, poner la vista en lo que quería lograr, me proporcionó las fuerzas necesarias para continuar con mis estudios en la Facultad de Farmacia, yendo a clase incluso después de las sesiones.

Ya llevaba tres meses en diálisis y a la espera del trasplante de riñón cuando surgió un nuevo reto que puso a prueba esta nueva actitud que había adoptado en mi vida; tuve que afrontar otra experiencia inesperada y tomar una serie de decisiones que, de nuevo, cambiaron el rumbo de mi vida: empecé a tener faltas en mi menstruación durante dos meses.

El primer mes no le di importancia, pues tenía un DIU como anticonceptivo; aun así, se lo comenté a mi nefróloga porque nunca me había pasado antes. Me dijo que no me preocupase porque estando en diálisis era normal que hubiese irregularidades en la menstruación. Pero el segundo mes comencé a tener algunos síntomas que me llamaron la atención y ya me hicieron la prueba del embarazo. Al día siguiente, recibí la llamada desde el hospital pidiéndome que fuera con urgencia. Estaba embarazada. Y aquí comienzan a encadenarse una serie de acontecimientos en mi vida que yo denomino "lo más difícil todavía".

Al día siguiente, en el hospital, el nefrólogo del servicio de hemodiálisis de la Fundación Jiménez Díaz me explica la situación y me da dos opciones: o bien abortaba por el riesgo que podía suponer un embarazo en mis condiciones o bien, si decidía seguir adelante, tenía que tener claro que suponía un enorme sacrificio: tener que ir todos los días, cuatro horas, a hemodiálisis, durante todo el embarazo. Era la única manera de mantener la sangre lo suficientemente limpia para que el feto no se intoxicase por la urea y pudiera morir. Y yo tendría un control médico estricto por parte del equipo.

Cuando me dijeron que estaba embarazada mis emociones fueron de alegría y de felicidad. Yo siempre había tenido el deseo de ser madre, y en consulta me dijeron que había probabilidades de que no pudiera serlo por el riesgo de mi enfermedad. Pero mi deseo era mayor que cualquier miedo.

Cuando el nefrólogo me ofreció la opción de poder hacer realidad mi deseo, lo tuve claro. Esta podía ser la única oportunidad que tenía de ser madre y la iba a aprovechar. Y le estaré eternamente agradecida, tanto a él como a la doctora del centro de diálisis Los Llanos de Móstoles, que colaboró también de forma directa en mi atención, cuidado y tratamiento. Ambos equipos médicos y de enfermería estuvieron todo el embarazo pendientes de mí, de mi salud y de mi seguridad.

En el centro de diálisis fue un día a día cuidándome y mimándome. No te puedo explicar con palabras todo lo que me dieron y lo que me ayudaron. Y lo feliz que me hicieron al darme la oportunidad de tener a mi hijo. Según me informaron fue el primer niño nacido de una madre en diálisis.

Iba todos los días, excepto los domingos porque no abría el centro, y se me hizo muy difícil. Además, no dejé mis estudios, continué yendo a las clases todos los días durante los cinco primeros meses para terminar ese curso y llegó el verano con el calor que si para cualquier embarazo se hace pesado en mis circunstancias se me hizo bastante más. Pero sentir a mi hijo y la esperanza de tenerlo en mis brazos era suficiente motivación para coger fuerzas cada vez que me flaqueaban. Y con 32 semanas de embarazo, el 16 de agosto de 1993 logré mi gran sueño, ser madre de un maravilloso hijo.

El parto tampoco fue fácil porque tuve una preeclampsia. Todo empezó con una subida de tensión y trascurrió en las primeras horas de forma normal dentro de la situación, aunque se complicó ante las palabras poco afortunadas de la obstetra que me iba a atender en el parto, nunca se me olvidarán. Con los brazos en jarra me dijo: "Esto no es como en las películas. Tu hijo y tú corréis peligro y vamos a ver a quién de los dos salvamos". Estaba ya en la sillón para el parto, con contracciones y preparada para iniciar el parto natural.

Tras esas palabras recuerdo cómo vi a mis rodillas temblar con fuerza sin poder parar, comencé a respirar mal y me faltaba el aire por lo que a mi niño no le llegaba oxígeno suficiente y comenzó a tener sufrimiento fetal. En cinco minutos estaba en quirófano para hacerme una cesárea rodeada de varios médicos de diferentes especialidades y numerosas enfermeras.

Y contra todo pronóstico, mi hijo y yo nos salvamos. Tras despertar de la anestesia tuve un choque de emociones, por un lado la gran alegría de saber que mi hijo estaba bien y, por otro, la tristeza de no poder verlo. Estaba en su incubadora y a mí no me dejaron ir a verle hasta el cuarto día. Desde un punto de vista emocional, fue muy duro.

Tuve que esperar un mes y medio para poder llevarme a mi hijo a casa. El niño estaba sano y fuerte, de modo que todo ese sacrificio había merecido la pena. El que llegase a término el embarazo se consideró toda una proeza médica de gran éxito, llegando a aparecer en prensa y televisión. Estuve en un programa de televisión en Telemadrid al que nos invitaron a madres que habíamos tenido hijos en circunstancias límite y que habíamos conseguido llegar a buen puerto. Y también me hicieron un reportaje para las noticias de Antena 3 con José María Carrascal. En 2012, S. M. la Reina Doña Sofía me concedió una distinción en un acto de celebración del XXX aniversario de la Fundación Renal Íñigo Álvarez de Toledo.

Logré licenciarme en farmacia tres años después de entrar a hemodiálisis y dos años después de tener a mi hijo. No me rendí, fue duro, con mucho esfuerzo durante los últimos años de la carrera, pero al final disfruté de mi triunfo. Y justo al mes de licenciarme me llaman una noche del hospital para decirme que había un riñón para mí.

Llegó mi primer trasplante y la oportunidad de volver a vivir por mí misma, sin la máquina. Además, podría recuperarme del deterioro que iba teniendo por la hemodiálisis. Fue otro regalo que me dio la vida, el donante y su familia a los que también les estoy eternamente agradecida por darme esta oportunidad.

Mi recuperación fue rápida y enseguida comencé a pensar qué hacer para continuar con mis planes. A los seis meses empecé a trabajar, mientras continuaba con mi formación y disfrutaba de la crianza de mi hijo. Mis planes y mis objetivos se iban materializando. Todo fue a mejor en los años siguientes y después de saber que había algunas mujeres que habían tenido hijos estando trasplantadas me planteé tener un segundo hijo o hija.

Siempre había deseado tener más de un hijo. Además, quería que mi hijo tuviera a alguien con quien compartir su infancia y su vida como hermano. Tuve una consulta con mi nefrólogo, que ya tenía experiencia con alguna mujer que había tenido hijos estando trasplantada. Me dijo que todo estaba bien y que si el ginecólogo daba su conformidad podría intentarlo. Una vez todo revisado y con el consentimiento de ambos especialistas me quedé embarazada enseguida.

Como anécdota contaré que, cuando le dije a mi hijo Rubén que iba a tener un hermanito o una hermanita, me contestó con gran seguridad: "Mamá, voy a tener un hermanito y una hermanita".

Su padre y yo insistimos que no, que tendría solo uno, porque los niños suelen venir de uno en uno. Era impensable para mí esa posibilidad porque en la familia no había antecedentes de gemelos ni mellizos. Cuál fue nuestra sorpresa cuando en una ecografía nos dicen que venían dos bebés. Y sí, un niño y una niña.

Este segundo embarazo fue también de alto riesgo. Si un embarazo gemelar ya supone un riesgo para una mujer sana, para una persona que ha tenido un trasplante de riñón, lo es todavía más. Entraba de nuevo en "lo más difícil todavía".

Hasta los cuatro meses todo transcurrió con normalidad pero a partir de quinto mes se fue complicando, mi niña no cogía peso, la tensión fue subiendo y yo empezaba a no poder moverme bien por el peso del embarazo, dos bebés, dos placentas… todo doble. La gente me preguntaba que si estaba a punto de dar a luz por la tripa que tenía. Total, a los seis meses decidieron ingresarme en el hospital para tenerme controlada y controlar el peso de mi niña. Mi niño cogía peso bien y crecía con normalidad.

Esos meses en el hospital fueron terribles, ya había estado ingresada en ocasiones anteriores y mi cerebro empezó a quejarse de estar de nuevo allí. Es frecuente pensar que cuanto más vives una situación el cerebro se acostumbra y puedes controlarla. Pero mi experiencia con la enfermedad no ha sido así. Cada vez que se repetía, mi adaptación era peor y mi resiliencia tardaba en aparecer.

En esta ocasión, también me acompañó un gran miedo a que a mis hijos les pasara algo malo o a mí y dejar a mi hijo mayor, o a los tres, sin su madre. Fue una etapa muy dura, tanto a nivel físico como psicológico. A las 34 semanas de embarazo me puse de parto. Era un domingo que coincidía con el día de la madre y tuve un gran doble regalo para ese día.

Después de estar varias horas en dilatación, me comunicaron en el hospital donde estaba que solo tenían una incubadora y que habían hablado con coordinación de hospitales para trasladarme a otro hospital que tuviera más incubadoras. Otra aventura en mi vida. Me subieron a una ambulancia con una matrona a la que recuerdo muy asustada cuando comprobó que estaba con contracciones cada cinco minutos. Me repetía que no apretase y que me relajase. Cosa bastante difícil. La parte más graciosa de esto es cuando tras nacer mis hijos los metieron en una sola incubadora porque en ese hospital tenían ese protocolo para que los hermanos siguieran juntos como lo estaban en el vientre de la madre.

Esta cesárea fue con anestesia epidural y en esta ocasión tuve la suerte de poder ver a mis hijos al nacer aunque fuese unos segundos. Se los llevaron corriendo del quirófano. La sensación de que mis hijos podían estar en peligro dentro de mí se calmó, esta sensación también la había tenido al nacer mi primer hijo. Y tras una complicación en esa cesárea me tuvieron dos días en la UCI de coronarios. Nunca he sabido cuál fue la complicación, lo que sí recuerdo es sentir cómo me iba poco a poco en el quirófano una vez que habían nacido mis hijos.

No pude ver a mis hijos prematuros durante dos días, de nuevo emociones reprimidas en mí, y me agarré otra vez a la felicidad de ser madre como lo había hecho seis años antes. Mis dos maravillosos hijos, un niño y una niña, estaban bien y era lo más importante. Mi agradecimiento a la vida por el regalo de tener a mis tres hijos es infinito.

Te podrás imaginar cómo fueron esos años de crianza, con tres hijos y trabajando. Me incorporé a trabajar tras la baja por maternidad y al mes me despidieron por tener tres hijos, así de claro me lo dijeron. Aunque para mí fue una suerte porque pude estar más tiempo disfrutando de ellos.

No tenía mucha ayuda de la familia, vivíamos a unos cuantos kilómetros de distancia. Agradecí lo que pudieron hacer, aunque no fue suficiente. A los nueve meses de haber nacido mis hijos, me incorporé a mi actividad formativa y laboral. He de reconocer que mi capacidad de organización fue siempre muy buena y en esta ocasión brilló. El padre de mis hijos asumió parte del cuidado de los niños y lo compatibilizó con su carga laboral, pero reconozco que yo apechugué con buena parte de las labores de la casa, además de estar al cuidado de mis hijos y de seguir adelante con mi trabajo.

No recuerdo tanto cansancio físico y mental como el de esos primeros años, creí que mi cuerpo y mi mente no lo resistirían. La falta de sueño en los cuatro primeros meses era brutal por tener que dar de comer a mis hijos cada tres horas sin saltarme ninguna toma. Habían nacido con muy bajo peso y tenían que cogerlo. Cuando terminaba de darle de comer a uno tenía que empezar con el otro, y cuando terminaba con los dos, quedaba poco tiempo para la siguiente toma.

Y por supuesto, estaba el cuidado y la atención que necesitaba mi hijo mayor a sus seis años. Me ocupé de que la situación le afectase lo menos posible y además no faltó ni un solo día al colegio, me levantaba todas las mañanas para llevarlo, por supuesto, con mis dos bebés. Al cabo de unos meses, una madre del colegio y yo llegamos a un acuerdo para que ella se quedara en casa con mis pequeños (ella no conducía) y yo llevase a mi hijo y a los suyos al colegio.

Un grato recuerdo que me viene de este primer año es cómo mi hijo mayor me ayudaba con sus hermanos en todo lo que podía. No te puedes imaginar el apoyo que supuso para mí mi niño, a pesar de tener solo seis añitos.

En esta etapa, mi matrimonio entró en una gran crisis, yo era incapaz de hacer más de lo que hacía y mi marido se resintió porque no le prestaba suficiente atención. Él también estaba muy cansado. Estuvimos a punto de divorciarnos. Tener que criar a tres hijos, sumado a mi enfermedad —de la que me hacía responsable yo sola— fue verdaderamente agotador.

Una vez más, cogí mis pistolas y me enfrenté a la batalla para salir adelante. Ya no era solo yo, tenía tres hijos a los que quería más que a mi propia vida, y mi objetivo era salvar mi familia y que a ellos no les faltase nada. Continuamos con nuestro matrimonio, aunque la conexión nunca volvió a ser la misma. Nos casamos muy enamorados y vivimos con un amor del que nacieron nuestros hijos, pero la fortaleza de ambos era distinta y los intereses por los que luchar también.

Como he mencionado, con mis pequeños con nueve meses volví a mi vida laboral. Me ofrecieron una beca para estudiar un MBA (Master in Business Administration) con una remuneración mensual, lo que me facilitó mi vuelta al mercado laboral. Duró año y medio y fue una de mis grandes experiencias, que me llevó a trabajar en diferentes empresas. Durante varios años fui compaginando todos los roles que me tocó desempeñar como mujer y como persona.

Sin embargo, al final la vida te para, cuando tensas tanto la cuerda o frenas o se rompe. Nueve años después de mi trasplante, mi cuerpo me fue advirtiendo a través del dolor y del cansancio de que estaba cerca de mi límite. Había elegido el "yo puedo con todo", con mi enfermedad, mis hijos, mi matrimonio, mi hogar, mi trabajo… y aunque recibía mensajes de aviso no los escuchaba. Continuaba movida, sobre todo, por el amor a mis hijos, que me necesitaban.

Un día a la salida del trabajo recuerdo que no podía ni pensar ni andar, me dolía todo el cuerpo y sentía como si tuviera la mente paralizada. Conduje hasta mi casa, a 55 kilómetros de distancia, con gran esfuerzo y muy despacio sabiendo que había llegado a mi límite.

No sabía qué me estaba pasando. Y tampoco podía imaginar que a partir de ese momento empezaba otro calvario: el dolor, la rigidez y la falta de concentración, entre otros síntomas, habían llegado para quedarse. Apareció la fibromialgia. Y tal como le suele ocurrir a la mayoría de las personas que han sido diagnosticadas de esta enfermedad, durante dos años tuve que pasar por multitud de especialistas hasta que lograron averiguar qué era lo que tenía en realidad.

Durante ese tiempo, el médico de familia, que no me creía mucho, me puso tratamientos para el dolor y la depresión que no fueron efectivos y tornaron esa etapa en un suplicio. Fui a consultas de medicina interna, psiquiatría, neurología… además de las revisiones que me correspondían de nefrología por el trasplante. Al final me enviaron a la consulta del reumatólogo, quien me diagnosticó la fibromialgia en todos sus puntos de dolor, en los 18 puntos clave. Unos años después otro reumatólogo verificaría el mismo diagnóstico.

Tras los primeros años en los que la fibromialgia invadió mi vida llegué a comprenderla y a aceptarla. Entendí que no podía llevar el ritmo que había llevado y que me tenía que parar pensando en mi cuidado.

En esta etapa atendí mi parte física y psicológica, pero todavía quedaba la emocional. Aprendí a negociar con mis enfermedades consiguiendo que los dolores amainaran por temporadas y los brotes duraran menos tiempo. También mis conocimientos cómo farmacéutica me ayudaron a encontrar la forma de mantener la fibromialgia más a raya.

Durante nueve de los doce años que estuve con mi primer trasplante tuve algunos contratiempos y varios ingresos hospitalarios, pero pude hacer una vida familiar, laboral y social normal sintiéndome sana y realizando sueños. Y los últimos tres años estuvieron llenos de cambios y aceptaciones ante la nueva situación.

Y, doce años después del trasplante, de repente, sin siquiera sospecharlo, me llegó otro tsunami mucho más fuerte que el primero. Me empecé a sentir mal, creía que había cogido algún virus porque los síntomas eran similares, pero no. En un plazo de quince días tuve un rechazo del riñón trasplantado. No estaba preparada para esto. Fue un golpe mucho mayor que el que recibí quince años atrás, cuando me anunciaron por primera vez que tenía que entrar a hemodiálisis.

Es cierto que los médicos me habían avisado de que en algún momento ese riñón podía llegar a fallar, porque se va deteriorando con el tiempo. Pero normalmente daban un plazo medio de quince a veinte años. De modo que, por aquel entonces estaba convencida de que todavía me quedaba mucho tiempo. Nunca imaginé que llegase así, de forma tan abrupta e inesperada.

Me ingresaron para ponerme un tratamiento muy agresivo para intentar frenar el rechazo. Un tratamiento que me dejó muy mal, sin fuerzas, hinchada, con los músculos debilitados y sin energía. Lo peor es que, a medida que el riñón va dejando de funcionar, vas viendo cómo se va quedando parada tu vida, de repente, como si estuvieras al borde de un enorme precipicio sin fondo. Cuando el nefrólogo me confirmó que ya no se podía hacer nada, que el riñón se había ido, y que volvía a entrar a diálisis, rompí a llorar. Esta vez sí. Fue como decir que había fallecido un ser querido, y que ya no iba a volver. Lloré de rabia, desesperación y tristeza.

Hay gente que cree que cuando ya has pasado por algo, si tienes que volver a sufrirlo, se hace un poquito más fácil. Pero como ya sabes, ese no fue mi caso. Es más, hasta ese momento seguía sin saber gestionar mis emociones, ni siquiera las había escuchado. Tampoco contaba con las herramientas adecuadas para enfrentarme de nuevo a la adversidad ni había iniciado ningún proceso de autoconocimiento o de desarrollo personal. Solo disponía de mi fuerza interior, que ya no era la misma por todo lo que había vivido.

Cuando llegó el primer rechazo, ya había pasado por experiencias muy dolorosas y difíciles que habían conseguido hacer mella en mí. A esta realidad amarga se sumaban mis hijos: ¿cómo iba a poder atenderles a partir de ahora, a tres niños pequeños dependientes de mí por completo?

Se me vino el mundo encima: volver a tener que conectarme tres veces por semana a una máquina; volver a tener que sufrir operaciones; volver a tener que meterme en la cama si salía hecha polvo de las sesiones de diálisis... Y no poder cuidar bien a mis hijos ni hacer nada de lo que tenía planeado…

El rechazo fue horrible, me sentí muy enferma. Y mi mente se volvió un remolino turbulento. El dolor emocional me cayó como una losa muchísimo más pesada de la que pude experimentar en etapas anteriores de mi vida, por mucho que me esforzara en bloquearlo, no lo conseguía. Me tuvieron que poner un catéter en la ingle para dializarme hasta que hubiera hueco en quirófano para ponerme el catéter en el cuello. Después, otra intervención en el brazo para hacerme una fístula y poder quitar el catéter del cuello. Y la adaptación a la diálisis. Aunque el riñón trasplantado ya no funcionaba mi cuerpo lo seguía rechazando y me encontraba fatal, cada vez peor. Al final me tuvieron que operar para quitármelo. ¡Dios mío! Quitar un riñón trasplantado es peor que ponerlo. Ya existían muchas adherencias a su alrededor, quitarlas llevó muchas horas de quirófano y la recuperación fue horrorosa. No recuerdo tanto dolor en ninguna de mis intervenciones y recuperaciones, y las hubo muy dolorosas.

A los 16 meses de estar de nuevo en diálisis dejó de servir la fístula que tenía en el brazo para conectarme a la máquina y de nuevo tuve un catéter en la ingle. Son los catéteres que colocan para poder dializarte de urgencia, ya que no se puede esperar a tener hueco en el quirófano y a que después madure la fístula nueva, que tarda unos tres meses como mínimo.

A la semana siguiente de pararse la fístula, mis mellizos celebraban su primera comunión y el nefrólogo me dijo que me fuera mentalizando porque no podría ir. ¡No me lo podía creer! Justo cuando empezaba a recuperarme de la operación del riñón, ¡de nuevo otro tropiezo! En ese momento sí hubo algo que tuve claro: yo no iba a faltar a la comunión de mis hijos. Así que cogí fuerzas y, como pude, con el catéter en la ingle, fui. Ahora veo las fotos y recuerdo lo malita que estaba.

A los dos meses, tras un año y medio en diálisis por segunda vez, llegó el segundo trasplante. ¡Qué suerte! Esta vez solo había tenido que esperar un año y medio. La vez anterior habían sido tres.

Recuerdo el día que recibí la llamada de mi nefrólogo, sobre las nueve de la noche, para decirme que había un donante y que uno de los riñones podía servirme. En esos momentos, mi marido y yo estábamos en el jardín de la casa de unos amigos. Cuál sería mi cara que, sin decirles nada, ya supieron que la llamada estaba relacionada con el trasplante. Rompí a llorar de la emoción de tener una nueva oportunidad. Luego vinieron los nervios, propios del proceso que hay que pasar hasta saber si uno de los riñones es para ti, sumado a la espera y a la ansiedad propia de la incertidumbre. En esta ocasión fuimos tres personas a hacernos las pruebas. Solo dos fuimos compatibles y pudimos recibir el trasplante.

A pesar de sentir una profunda alegría ante esta nueva oportunidad vital que se abría ante mí, jamás logré volver a sentirme bien físicamente del todo. La recuperación fue lenta y no me encontraba bien para poder hacer frente a todas mis responsabilidades. Esta sensación me llevó a la tristeza y a una lucha en la que me decía que tenía que estar contenta, que tenía mi riñón, pero no lograba estarlo.

El intenso malestar corporal me llevó a sentir un profundo malestar emocional. Ni mi cuerpo, ni mi mente, ni mis emociones estaban bien. Y mi vida tampoco lo estaba. Me fui encontrando peor y se descubrió que tenía un rechazo que cada vez era mayor. A los veinte meses rechacé el segundo trasplante. El día que me ingresaron coincidió con mi cumpleaños, ¡vaya regalo! Fue una sacudida brutal. Esta vez no fue como caer en un pozo, fue como despeñarse por un barranco y golpearse con todas y cada una las rocas que pudiera haber en el camino. Me hundí en los abismos.

La medicación que me pusieron para evitar el rechazo fue tan fuerte que me dejó en cama sin poder casi levantarme. Mi mente no conseguía reaccionar ni pensar, estaba paralizada. Y mis emociones oscilaban entre la tristeza más absoluta, la desesperación y el miedo.

Recuerdo estar ingresada, tumbada en la cama sin poder hacer nada más que el esfuerzo de ir al baño, que estaba al lado de la cama. Nunca había estado tanto tiempo sintiéndome tan mal, sin poder hacer nada para recuperarme y sin la motivación por hacer algo para salir de esa situación. Mi madre era ya muy mayor para poder ayudarme, hablaba con ella por teléfono aunque sin ganas, no podía sacar las ganas, me encontraba tan mal...

Mi marido venía a verme cada vez que podía, casi todos los días. En esos instantes, me volvía a sentir un poco más en contacto con el mundo exterior. Reconozco que muchas de las conversaciones giraban en torno a lo cansado que él estaba de tener que estar solo para todo, para atender su trabajo, para los niños, para preparar la comida… Y aunque era capaz de entenderle, no podía dejar de sentir ansiedad y culpa por no poder hacer nada al respecto.

Salí del hospital y volví a mi casa sacando las pocas fuerzas que tenía para atender las necesidades de mis hijos. Empezaron de nuevo un sinfín de operaciones para volver a poder conectarme a la máquina de hemodiálisis. Ingresos, dolor, sufrimiento y esta vez sin la fuerza interior que me solía acompañar. Parecía haber desaparecido. No quedaba ni rastro de lo que hasta ese momento me había hecho resurgir. Sin fuerza física, ni mental y con mis emociones hundidas en la tristeza y en la desesperanza me enfrentaba a la vida sin saber qué hacer.

Cada vez que dejaban de funcionar los accesos vasculares para conectarme a la máquina me tocaba el proceso de ponerme los catéteres y, después, de hacerme la intervención en el brazo para hacer un acceso nuevo con el que conectarme. Ya no tenía venas que valiesen para hacer las fístulas de forma natural por lo que tenían que usar unas prótesis para realizar el acceso vascular y poder conectarme a la máquina de hemodiálisis. Esta posibilidad también se agotó y al final quedé con un catéter en el cuello para dializarme. Y con mi brazo totalmente cubierto de cicatrices y deformaciones. Años más tarde lo cubriría con un tatuaje con tres rosas, una por cada uno de mis hijos.

Los efectos del rechazo duraron casi un año con consecuencias graves para mi salud que impedían que recuperara mi vitalidad física. Hasta que no me extirparon este segundo riñón trasplantado no pude empezar a sentirme algo mejor, aunque siempre con esos dolores de la fibromialgia que habían vuelto y me acompañaban. Estaba cansada de luchar, cansada de caer y cansada de tener que levantarme. Esta vez casi me rindo.

Solo el amor por mis hijos me llevaba a actuar con inercia y realizar las tareas necesarias para atenderles, atender mi hogar e intentar atender a un marido al que nunca veía contento.

Mi matrimonio estaba muy tocado por las crisis que habían sucedido a lo largo de nuestra relación años atrás. Si el primer rechazo fue un gran palo para mi marido porque su vida también se vio afectada, este segundo rechazo ya fue la gota que colmó el vaso. Ya habíamos hablado en varias ocasiones de divorciarnos, pero no llegábamos a hacerlo. Aunque en esos años hubo situaciones en la pareja que no tenía que haber tolerado y que me llevaban a sufrir más allá de la enfermedad, yo no me encontré con fuerzas para hacer frente a esa situación. Las fuerzas que tenía las estaba empleando en poder hacerme cargo de todo lo que necesitaba mi familia y cuidarme en la medida en que podía.

Cuando tenemos una enfermedad de larga duración, con tanto sufrimiento, necesidad de ayuda y momentos críticos, corremos el riesgo de generar una dependencia emocional hacia nuestra pareja y se puede llegar a consentir que nos traten sin respeto, como nadie debe consentir que se le trate jamás, aunque solo sea a nivel psicológico o se refleje en la actitud.

Durante mi matrimonio, yo no había oído nada sobre la dependencia emocional y estaba convencida de que lo que sentía era *amor,* por lo que me esforcé durante años en buscar la manera de salvar mi matrimonio. En este punto de mi vida, con mi segundo rechazo, ya había dado tanto que no tenía para más. Ahora sé que, si tu pareja te hace sufrir o no te evita un sufrimiento cuando está en su mano hacerlo, es imposible que te ame. Y que lo que tú sientes ante esa persona está relacionado con una dependencia emocional.

Con respecto a mi familia de origen, mi madre y mis hermanos tampoco supieron cómo hacer frente a los acontecimientos, por lo que se fueron apartando poco a poco a medida que se fueron complicando las cosas. Cuando entré a diálisis por primera vez (mi padre ya había fallecido), los médicos les informaron de que existía la posibilidad de que alguien de mi familia me donara un riñón para hacer un trasplante de donante vivo. Esto les impactó muchísimo y nunca supieron gestionarlo. Se vivió como un verdadero drama, por lo que esa opción terminó descartándose: sencillamente, no fue posible.

En el primer rechazo, saltaba a la vista que necesitaba ayuda para cuidarme y atender a la vez a mis hijos. Durante el año y medio que tuve que estar en diálisis, mi madre y mis hermanos me ayudaron en lo que pudieron. Pero cuando se produjo el segundo trasplante, mi madre ya era mayor y mis hermanos se fueron apartando poco a poco y ya, cuando tuvo lugar ese nuevo rechazo, nuestra relación se redujo a su mínima expresión, dejando incluso de existir.

Después de los rechazos, los médicos me volvieron a insistir en la idea de conseguir que alguien de mi familia me donara un riñón. Lo cierto es que, después de lo acontecido, nunca volví a mencionar esta opción ante mi familia y, de hecho, rogué a los médicos que tampoco volvieran a insistirles. Preferí ahorrarles este sufrimiento. Me faltan las palabras para poder describir cómo se vive un proceso como este. Un segundo rechazo, un segundo tsunami y una avalancha de dolor emocional. Pensé que jamás lo superaría.

Cuando caí en ese precipicio, toqué fondo. Un fondo lleno de barro, como si hubiese llovido demasiado y yo no supiese cómo salir de ahí. Me sentía sola, muy sola. Solo el amor por mis hijos y mi responsabilidad como madre me daban las fuerzas justas para no tirar la toalla y poder seguir hacia adelante. Recuerdo que pedía a Dios que por favor me diera fuerzas y vida hasta que mis hijos se pudieran valer por sí mismos y no me necesitasen. Y me tocó de nuevo aferrarme a la vida a través de esa máquina otros siete años.

Dos rechazos; una tercera entrada en hemodiálisis; dos embarazos de alto riesgo; dos trasplantes; el mutismo de mi familia de origen y varios intentos de separación sentimental. Y, a pesar de todo esto, todavía no me había parado ni un momento a pensar en mí, a mirar hacia dentro y a ver que había algo más en mi interior que me había limitado a relegar en el olvido. En realidad, no sabía cómo hacerlo y lo hacía lo mejor que podía.

No tenía apoyo emocional exterior ni interior. Y tampoco sabía que las emociones desempeñaran un rol tan importante en todo este panorama. De hecho, cometí el error de no buscar ayuda. No tenía fuerzas para hablar de lo que me pasaba y de dejar a nadie entrar en mi interior. Me abandoné a la situación.

El segundo rechazo no cesó y hubo que extraer el riñón, tal como ocurrió con el primero. Yo estaba muy enferma; mi cuerpo quedó muy tocado. Además del daño producido por toda la medicación, las diálisis y los rechazos, se agravaron los brotes de fibromialgia. Mi mente estaba agotada y sin energía y mis emociones tiradas entre los restos del tsunami. Y mi alma, ¿cómo quedó mi alma? Te aseguro que el alma me dolía.

Me dejé llevar y fui simple espectadora de mi vida, excepto en lo que atañía a la vida de mis hijos, vivía para ellos. Esa es la parte positiva que ahora me queda de esa etapa, el contacto con mis hijos y ser partícipe directa de esos años de sus vidas.

Mi marido y yo sobrevivíamos en nuestra relación y hubo dos separaciones de varios meses que terminaron en reconciliaciones con nuevos intentos por salvar la situación. Y lo único que se conseguía tras un periodo de luna de miel era terminar peor que en la ruptura anterior.

Todo lo que sucedía en mi vida era como si lloviera sobre mojado. Y al igual que una gota de agua que cae sobre una roca de forma constante llega a hacer un agujero, en mi autoestima y en mi corazón se hacían grietas sin darme apenas cuenta.

Tras dos años de vivir en estas condiciones empecé a pensar que ya era hora de retomar el mando de mi vida. Mi cuerpo se estaba recuperando del último rechazo y poco a poco me fui encontrando algo mejor. Fui tomando consciencia de la situación en la que me encontraba y de que así no quería seguir viviendo, quería de nuevo formar parte de mi vida.

El primer momento que me hizo desear salir del precipicio fue cuando me di cuenta de que había perdido la capacidad de sentir la música, no conectaba con la vibración y la emoción que yo sentía antes al escucharla. Y también que había perdido esa sonrisa que me salía de forma natural: la comisura de mis labios se inclinaba hacia mi barbilla y no subía hacia mis ojos. Así que, empecé a trabajar en ello. Me obligué a sonreír y me obligué a concentrarme en la música conectando de nuevo con ella. Fue el primer paso para resurgir de nuevo de mis cenizas, como el ave fénix.

Empecé el proceso de autoconocimiento poco a poco, y muy despacio volví a conectar con mi fuerza interior. Comencé a organizar mis pensamientos, a analizar qué posibilidades tenía y cómo quería vivir. Buscaba y buscaba a mi yo anterior, ese que había cogido el toro por los cuernos en tantas ocasiones adversas y había sabido salir adelante. ¡Lo que me costó encontrarme de nuevo! y ya no era la de antes.

Leí libros de autoayuda, de psicología, me autoanalizaba y reflexionaba. Empecé a hacer de nuevo ejercicio físico. Empecé a cuidar mi peso porque había cogido varios kilos como consecuencia del tratamiento con corticoides. También comencé a reflexionar sobre qué personas aportaban paz a mi vida y cuáles no. Y volví a retomar algunas formaciones que había dejado de lado, lo que me fue llevando poco a poco a entrenar mi mente y a aumentar mi vida social. Todos estos pasos, fueron el inicio de mi nuevo florecer, saliendo a la luz poco a poco desde el fango, como lo hace cada mañana la flor de loto.

Según iba dando pasitos me sentía cada vez mejor. Y no fue de un día para otro, todo lleva su proceso, me costó tiempo y energía, aunque merecieron la pena. Con mucho esfuerzo, había logrado salir del precipicio en el que había caído tres años antes. No fue nada fácil y tuve momentos muy malos y dolorosos tanto a nivel físico como emocional. La recompensa de todo este esfuerzo fue recuperar mi vida, mi fuerza y mi confianza.

Tres años después del segundo rechazo, todavía en hemodiálisis, viviendo gracias a mi máquina, había resurgido con tanta fuerza y tanta seguridad que retomé un proyecto que había estado en mi mente desde que terminé mis estudios de farmacia. El sueño de tener mi propia farmacia. Para ello, necesitaba una inversión de dinero de la que no disponía, pero me sentía con ganas de ir a por ella. Ya había vuelto mi fuerza interior y mi capacidad de resiliencia y con un poder mucho mayor. Mi pasión por los retos volvía a fluir por mis venas. Y estar en tratamiento con hemodiálisis no me iba a frenar.

Me separé de mi marido, sin divorciarme, porque ese vínculo me resultaba muy difícil romperlo. Este paso me costaría un poco más darlo. Y en esos momentos de mi vida sentí renacer mi libertad y mi dignidad.

Hice un arduo trabajo para conseguir la inversión que necesitaba y encontré una farmacia destinada a cumplir mi sueño. El reto de modernizar esta farmacia en su gestión, en su atención a los pacientes y en sus instalaciones me dio vida. Hubo muchos problemas de todo tipo al inicio, aunque no me importaba, yo sentía que podía y disfrutaba de mi nuevo reto. A los dos años de iniciar el proyecto, había conseguido doblar la facturación con respecto a la que había cuando la compré. Los clientes y pacientes estaban contentos. Con la colaboración de las farmacéuticas adjuntas que formaban el equipo, nos habíamos ganado su confianza. Uno de mis objetivos en la farmacia era dar una atención personalizada y que pudiéramos ayudarles a mejorar sus vidas en lo que estaba en nuestra mano, y se logró con la dedicación, profesionalidad y trato humano del equipo que formamos.

Me sentía realizada, todos los conocimientos y experiencias de mi vida laboral estaban dentro de este logro. Me sirvieron tanto los conocimientos y la experiencia de mi profesión sanitaria como la parte de gestión en la que me había formado y trabajado. Mi autoestima volvía a estar en el sitio que le correspondía, sentía que había logrado conquistar una nueva meta que nunca pensé que conseguiría por la elevada inversión económica que se necesitaba. A pesar de las adversidades, cumplía otro sueño.

Se estabilizaba mi vida y sentía que estaba en el camino adecuado, aunque seguía en diálisis esperando mi tercer trasplante de riñón y teniendo varias complicaciones, sobre todo con el acceso vascular que volvió a pararse y me tuvieron que realizar otro. Me agarré a la confianza de que eso también se iba a solucionar llegándome el trasplante. El hecho de volver a realizarme en mi vida profesional, pudiendo ayudar a otras personas y lograr a la vez sacar con éxito la parte de negocio, me daba fuerza para continuar.

Y en esta situación, mi marido y yo volvimos a darnos una oportunidad. Mi madre falleció ese año y la situación hizo que retomáramos un mayor contacto. Todavía no había oído hablar de la dependencia emocional, de los valores ni de las creencias y seguía convencida de que aquello que yo sentía era amor. Estuvimos unos cinco meses de luna de miel, y en esos momentos realmente creí que habíamos conseguido salvar todos los obstáculos, pero como era de esperar, no fue así.

Recuerdo cómo, de la noche a la mañana, todo cambió y la situación fue la misma de antes. Una relación de pareja tóxica, que ya no tenía ninguna salida. Tras un año intentando reconstruir de las cenizas nuestro matrimonio, tuve que asumir que ya no era posible y que la única forma de salir de ese círculo vicioso era mediante el divorcio.

Por fin me divorcié, de forma definitiva, y el primer año lo viví como un logro, fue otra meta más alcanzada. Sentí alivio, me dio paz y me abrió puertas a una nueva vida basada en el respeto y en el amor. Continué con mi proyecto en la farmacia, con la satisfacción de poder ayudar a otras personas y retomé el timón de mi vida con una nueva energía.

Fue un periodo de nuevas amistades, nuevos retos y nuevas experiencias. Disfruté muchísimo de mi éxito personal y profesional. Ya había empezado a mirar hacia dentro y a trabajar en mí para fortalecer mi autoestima y el amor a mí misma y, sobre todo, empecé a conocer qué era la dependencia emocional y qué estragos había hecho en mí. Saqué un valioso aprendizaje de este trabajo. Fue otra fase de mi proceso de crecimiento personal y accedí a las siguientes capas que tenía que limpiar para poder llegar al final a mi centro.

Pero, pasado un año del divorcio, sucedieron hechos que me hicieron entrar en un duelo para el que no estaba preparada porque nunca pensé que tuviera que pasar por ese proceso. Un duelo que se uniría a los duelos que se habían quedado pendientes en mi camino hasta ese momento dando lugar al gran duelo de mi vida.

Este gran duelo se inició al recibir una información que había desconocido con respecto a mi exmarido, fue inesperada y abrió de golpe esa puerta. Y no fue solo la puerta que entraba a la habitación del duelo de mi matrimonio, era la puerta que abría una habitación en la que estaban todos los duelos que no me había parado a completar a lo largo de mi vida.

Uno de esos duelos no completados fue cuando perdí con 23 años la salud, mis propios riñones, aunque permanecían en mi cuerpo no funcionaban. Y no les dediqué mi atención ni una despedida. Me fui directamente a una aceptación que me sirvió para coger con fuerza mi futuro, lo que me fue útil para ayudarme a seguir con mi vida y lo agradezco. Pero me había saltado de golpe otras fases del duelo.

Después tuve la pérdida del primer riñón trasplantado, y aunque el proceso fue distinto y sí caí en varias fases del duelo no fui consciente de lo que era aquello y no lo manejé de la forma adecuada para completarlo y aprender. Y con la pérdida del segundo riñón el proceso fue más cruel, más doloroso, más difícil de superar. Ese duelo fue más largo, sí le dediqué más tiempo, pero tampoco se completó al no pasar de manera consciente por él como una pérdida que había tenido en mi vida, y al no darme yo misma el amor y la comprensión que me merecía.

Cuando inicié mi gran duelo, tras el primer año de divorcio, no era consciente de todo esto. Me sentí perdida, no sabía lo que me pasaba ni lo entendía. Se inició con la fase de ira y me preguntaba todos los días por qué estaba así, si un mes antes estaba feliz, contenta y satisfecha. Mi interior había pasado de repente de estar bien a dar un giro y ponerse boca abajo. Y no entendía nada.

Recurrí de nuevo a leer más sobre autoconocimiento, autoestima, desarrollo personal y dependencia emocional buscando respuestas. Primero entendí que el duelo que estaba pasando era producto de una dependencia emocional muy fuerte que todavía no había superado. Mi exmarido había estado desde la separación con un contacto continuo conmigo y queriendo que volviésemos a estar juntos por lo que no había desconectado, así que hasta que no conseguí cortar el contacto al máximo, con casi un contacto cero, no logré avanzar en ese duelo. Entonces, la ira dejó pasó a las siguientes fases, que también fueron difíciles de llevar. Al final llegué a la aceptación y a mi paz interior.

Lo más valioso que me llevo de este largo proceso es haber descubierto qué era la dependencia emocional, cuáles eran sus causas y sus consecuencias. Ser consciente, de pronto, de todas las cosas que había permitido y que no eran buenas para mí, y que el hecho de consentirlas estaba influenciado por mis creencias, mis valores y mi enfermedad.

Había sido una mujer fuerte, independiente, trabajadora, madre y con un alto nivel cultural, pero eso no era suficiente para hacer frente a esa dependencia emocional. Y era el momento de trabajar para salir de ahí. Era el momento de dar espacio al duelo más duro de mi vida. Estuve a punto de tirar la toalla porque se me hizo muy difícil llevarlo junto con las complicaciones que ya tenía con la diálisis. Y mis hijos, ya mayores de edad, me sostuvieron y no dejaron que me rindiera. Gracias infinitas de nuevo.

El duelo por la muerte de mi padre lo pasé dentro de la compresión de que tenía 72 años y en aquella época, año 1991, no se consideraba una edad joven como ahora por lo que era "ley de vida", y aunque fue doloroso no fue traumático. Con mi madre fue similar, tenía 84 años y tenía muchos achaques por lo que poco a poco lo fui viendo venir y me fui haciendo a la idea. Fueron duelos por los que pasé conscientemente llegando a una aceptación en la que mis padres se quedaron en mi corazón y están presentes ayudándome en mi día a día.

Pero este duelo repentino que me había invadido sin aviso y sin sentido era distinto. No sabía por qué saltaba así a mi vida y me hacía sufrir tanto. Pensaba que era el amor tan grande que tenía por mi marido hasta que descubrí que no era por amor, que era una adicción similar a la de una droga.

Y no digo que no le quisiera, habíamos estado juntos muchos años y teníamos tres hijos en común, y en el pasado sí le había amado muchísimo. Pero lo que me hacía sufrir en ese momento no era el amor por él, sino la abstinencia que me producía esa adicción. La misma que me había llevado a no poner límites y a consentir todo aquello que no era bueno para mí. La misma que no me dejaba que me quisiera más a mí misma de lo que pensaba que le quería a él. La misma que hizo acto de presencia al emerger el gran duelo; que arañó mi autoestima y tiró mi amor propio al hoyo de la incertidumbre.

Una vez que fui consciente de que tenía que superar esta dependencia emocional, me puse manos a la obra. Tras mis reflexiones y autoanálisis inicié mi "rehabilitación". Fue un proceso muy duro y complicado. Me leí todo lo que los expertos en este tema habían escrito y continué con mi desarrollo personal, aprendiendo más sobre la gestión emocional, construyendo una autoestima sana, aprendiendo a quererme, a respetarme y a poner límites en mi vida.

Según fui avanzando en las fases del duelo, mi interés a la hora de formarme y crecer era cada vez mayor. Ahora, desde la superación veo cómo pasar por ese duelo me ayudó a conocerme mucho mejor, a desarrollar mi firmeza y mi capacidad de decir "sí" a lo que es bueno para mí y decir "no" a lo que me perjudica. Me ayudó a aprender a quererme y a aceptarme. Entendí que como ser humano me merecía lo mejor en mi vida y, si lo creía de verdad, desde el amor propio, me llegaría.

Comprendí que, cuando crees que no te mereces todo lo bueno que pueda reservarte la vida y cedes ante comportamientos que te perjudican, se detona una dependencia que se entremezcla con el amor. Y todas las partes de tu ser quedan tocadas. Entre ellas, la autoestima, que se ve dañada por esta dependencia y por la enfermedad. Salir de ahí se convierte en un trabajo urgente a realizar. De modo que, en cuanto fui consciente de qué es lo que podía hacer para mejorar mi vida, pasé a la acción para conseguir lo mejor para mí.

Al final de este proceso de superación, cuando por fin pude hacer un ejercicio de retrospección, pude darme cuenta de que ese duelo tan grande no se debía solo al final de mi matrimonio, sino que también contenía una enorme aflicción por todo lo acontecido en mi vida. Hoy agradezco todo lo que ese proceso me ha enseñado y las oportunidades que me ha dado. Logré un avance tan grande en mi desarrollo personal, que nacieron en mí las ganas de ayudar a otras personas para que también avanzasen en sus vidas.

A partir de ahí, cuanto más conocimiento adquiría sobre desarrollo personal y sobre mí misma, más sabiduría lograba integrar: parecía que una cosa me llevaba a la otra de forma mágica. Empecé a vivir una serie de experiencias que parecían contener claves que me señalaban de qué manera debía seguir avanzando, y fui conociendo a personas que estaban en sincronía con mi proceso. Me sorprendí de cómo me llegaba la información correcta en el momento adecuado.

Con el gran duelo y el giro que se había producido en mi vida, empecé a replantearme cuál era mi nuevo propósito. De modo que decidí ampliar mi formación en coaching, programación neurolingüística (PNL) e inteligencia emocional con el fin de aprender todo lo necesario para llevar mi desarrollo a su máximo nivel, y así poder ayudar de manera eficaz a otras personas a que descubran su poder interior y a sacar a la luz su mejor versión. Porque todos tenemos ese poder, solo hay que saber llegar a él.

Hasta esa fecha, ya llevaba en diálisis casi siete años y seguía esperando mi tercer trasplante. En esos momentos se entremezclaba de vez en cuando la desesperanza. Pero esta vez eché mano de lo aprendido y pude comprobar en mí misma su eficacia: esta vez logré no volver a caer en ese nuevo precipicio de caída libre.

A finales del año 2017, me encontraba con muchos problemas en los accesos vasculares para conectarme a la máquina, esperando con urgencia ese tercer trasplante de riñón. Usé varias técnicas aprendidas. Una de ellas fue repetirme pensamientos positivos en mi mente y en voz alta, pensamientos que me daban esperanza y confianza. Los repetía a modo de mantra, incluso cuando no me los terminaba de creer del todo. Me preparaba frases positivas y me las repetía una y otra vez.

No hace falta creer lo que dices, solo tienes que repetirlo muchas veces todos los días hasta que el cerebro termine por integrarlo como algo verdadero. Repetía esos mantras en todo momento, sobre todo frente al espejo. Fue muy sorprendente constatar cómo mi cerebro salía del bucle de los pensamientos negativos con estos ejercicios.

También usé técnicas de respiración y de relajación que había aprendido en los cursos a los que había asistido, y después pasaba a la acción haciendo aquello que me gustaba. También realizaba dinámicas de programación neurolingüística como las visualizaciones, los anclajes y los seis pasos a la libertad. Gestionaba mis emociones de manera que, si estaba triste, dejaba espacio a mi tristeza para entender el mensaje que me traía y después de aceptarla la dejaba ir. Y con gran esfuerzo y dosis elevadas de energía lograba estar en el presente disfrutando y agradeciendo poder vivir un día más.

En febrero de 2018 recibí esa llamada tan esperada: había un riñón que podía ser para mí. La alegría fue inmediata, aunque ya sabía que quedaban duros momentos por vivir tras el trasplante. La semana siguiente a la operación fue terrible y me tocó vivirla con dolor y miedo, mi estado solo me permitía entrar en una especie de meditación que me aliviaba a ratos. El primer mes después del trasplante, fue muy duro y me ayudó mucho leer, meditar y repetirme mi mantra: "Todo va bien".

Todo ello me ayudó a salir de los miedos que me invadían cuando el riñón no funcionó bien durante ese tiempo. Visualizaba todos los días a mi riñón funcionando y siendo ya parte aceptada por mi cuerpo. Hubo algunas complicaciones y me mantuve firme en mis pensamientos positivos; y aunque en ocasiones me costara, me esforzaba en volver a ellos y en seguir alimentando las emociones positivas. Daba las gracias por tener una nueva oportunidad y sentía un infinito agradecimiento hacia la donante y hacia su familia por su generosidad.

A medida que fui mejorando, fui recuperando todo lo que había logrado ser. Fue un proceso de transformación. Continué con mis prácticas aprendidas y mi nueva forma de pensar, sentir y actuar para estar lo mejor posible. Al día de hoy, llevo casi tres años trasplantada, "todo va bien", y me siento feliz y agradecida, convencida del propósito al que me lleva mi camino.

Todas las experiencias y aprendizajes que he vivido toman sentido con este propósito, que es mi meta de hoy. Y toman mayor sentido al ser consciente que puedo aportar el conjunto de mis vivencias, mis reflexiones y mis aprendizajes para hacer más fácil la vida a otras personas.

Saber que todo lo que he incorporado a mi vida en los últimos años, que las herramientas de desarrollo personal que me han sido verdaderamente útiles te pueden servir a ti como lector, hace que aumenten mis ganas de vivir. Después de cada sacudida puedes volver a *tu centro*, a tu paz, y puedes seguir caminando hacia tu propósito.

Con todo esto en mi corazón, retomé un proyecto que inicié en la farmacia para divulgar consejos de salud y lo uní a todo el conocimiento en desarrollo personal que había adquirido y que además estaba viviendo en primera persona.

Todo lo que había pasado en mi vida estaba dando su fruto y se estaba consolidando en un propósito de vida: poder ayudar a otras personas no solo a cuidar su cuerpo para tener salud, sino también ayudarles en su desarrollo personal. Ayudarles a conseguir el equilibrio en los cuatro pilares de su ser: en su cuerpo, mente, emociones y espíritu para conseguir la vida que desean.

En los siguientes capítulos, quiero mostrarte que es posible vivir de forma plena, incluso cuando estés inmerso en circunstancias extremas. Deseo que mi experiencia, mi difícil camino en la vida y mi sufrimiento cobren sentido al lograr que tu camino sea un poco más fácil, que puedas elegir sufrir menos y que puedas echar mano de los recursos que necesites para hacerle frente a las adversidades que se te presenten. A partir de aquí te acompaño en un camino de autoconocimiento y de desarrollo personal en el que podrás ir atesorando tus propias reflexiones y aprendizajes.

Querido lector, ahora que conoces mi historia, te toca a ti iniciar tu propia andadura. En los próximos capítulos te iré desvelando cada una de las píldoras de sabiduría que fui descubriendo en cada una de mis experiencias vitales; esa parte más didáctica viene acompañada de una serie de ejercicios que te ayudarán a trabajar en tu propio proceso de desarrollo personal, y a sacar tus propias conclusiones.

Al comienzo de cada apartado observarás que abro boca con una reflexión, una cita que entraña un mensaje que deseo transmitirte y que saborees. Cuando llegues al final del libro, habrás recobrado tu libertad para decidir cómo quieres vivir. Tendrás por fin una hoja de ruta que te llevará a recorrer la vida que anhelas. ¡Buen viaje!

CAPÍTULO II:
LA NOTICIA QUE CAMBIA TU VIDA

1. EL TSUNAMI

xisten muchas maneras de comunicarle a una persona que tiene una enfermedad que va a condicionar el resto de tu vida. Y hay muchas maneras de recibir esta información, de interpretarla y de reaccionar ante ella. La reacción que despierte en cada uno de nosotros es algo muy personal. E incluso aunque seamos la misma persona y el mensaje que recibamos vuelva a ser el mismo, una y otra vez, a lo largo de nuestra vida, nuestra forma de acogerla nunca será la misma: reaccionaremos cada vez de forma muy distinta, con distintas intensidades.

No obstante, sí hay un patrón que se repite: cada vez que nos anuncian esa noticia, se detona un torbellino de emociones que nos invade a medida que nos envuelven la incertidumbre y el miedo. Hay momentos de negación que nos llevan a pensar que eso no nos está pasando de verdad. Es un ir y venir de un estado emocional a otro sin llegar a tomar el control.

Como sabes, la primera vez que me dieron *la noticia* yo solo tenía 19 años. Y aunque ya había tenido en mi infancia algunos percances bastante duros que había tenido que superar, esta vez era distinto, no era una situación con un inicio y un fin. Era una enfermedad que avanzaba dejando secuelas en mi salud. Y mi reacción fue la de guardar esas emociones bajo mi coraza. Esta fue mi reacción, cada persona lo hace de una manera determinada. A lo largo de mi vida he visto a personas que digieren este tsunami con un sentimiento de injusticia, de miedo, de ira, que les lleva a enfadarse con ellas mismas o con las personas de su entorno. Les lleva a enfadarse con la vida. Otras, sin embargo, se decepcionan con la vida y se compadecen adquiriendo un rol de víctimas.

Cualquiera de estas reacciones es totalmente comprensible. Debemos mirarla con compasión, entendiendo que en esos momentos hacemos lo que podemos y como mejor sabemos hacerlo.

Aunque también debemos ser conscientes de que hay comportamientos que nos van a beneficiar y otros que nos van a perjudicar. Los que nos perjudican nos van a hacer sufrir y estaremos mejor si decidimos responder de una manera beneficiosa para nosotros y para nuestro entorno. Es bueno saber que tenemos otras opciones a nuestro favor que nos van a ayudar.

Con mi primer tsunami, cogí mi fuerza como recurso para afrontar la noticia de que necesitaba una máquina para vivir y un trasplante de riñón, lo hice de forma automática, sin saber cómo. Y esta fuerza me ayudó a asomar la cabeza por encima y salvarme del oleaje para salir a la orilla.

Ahora lo observo y me resulta asombroso cómo habitaba en mí esa fuerza, ese "don" del que no era consciente. Con el tiempo, como observadora de mi vida y como parte de mi desarrollo personal, he sido capaz de reconocerlo y honrarlo.

Me he dado cuenta de que mi fuerza iba acompañada de mis sueños, de mis planes de futuro, de mi propósito. Y que esa fuerza se puede agotar tal y como me pasó en mis siguientes tsunamis emocionales que provocaron cada una de las malas noticias que fui recibiendo. Pero esa fuerza perdida se recupera, puede volver a renacer.

Ante tu propio tsunami y tu propia manera de reaccionar respira profundamente, no te juzgues, mírate con tolerancia y compasión. Observa qué sientes, cómo lo sientes y qué opciones tienes ante lo que estás viviendo en esos momentos. De esas opciones elige las que te van a ayudar a sentirte mejor. Continúa leyendo para conseguir los recursos que necesitas para levantarte y avanzar. Para resurgir y para florecer.

2. EL REMOLINO DE DESPUÉS

*"Ante el caos y la incertidumbre, todo se
revuelve para asentarse después en un
lugar más fuerte de tu interior."*

Tras el tsunami de la noticia, los pensamientos revolotean por la mente y las emociones se sienten en el cuerpo y en el alma. Comienza una especie de batalla por aceptar la situación y empieza el sufrimiento en el día a día. Esta batalla requiere un enorme esfuerzo. Se hace cuesta arriba la aceptación de los cambios, el hecho de tener que estar pendiente del cuidado de tu cuerpo, de una nueva dieta, de tomar la medicación y de comprobar que se tiene menos vitalidad. Y es una cuesta muy inclinada a subir: hay que soportar dolor físico, tratamientos o técnicas que te van a hacer daño, que te van a hacer sentir muy mal y que te van a impedir realizar las actividades que quieres y que te gustan. En definitiva, te van a cambiar la vida.

Y aquí te puede entrar la desesperación, la depresión, la ansiedad y la desilusión. Puede verse afectada tu vida familiar, social, laboral, tu autoestima, tu economía, la relación de pareja y los planes de futuro.

Cuando peor te encuentras es cuando te pueden entrar ganas de tirar la toalla. Y, por el contrario, cuando mejor te encuentras es cuando quieres salir adelante, aunque no sepas cómo. Vuelvo a insistir en que es importante que en esta situación seas compasivo y comprensivo contigo. Que reconozcas tus emociones y se las comuniques a tus seres queridos. De las personas a las que se las comuniques, cuentas con dos posibles repuestas por su parte: algunos responderán para apoyarte emocionalmente con la intención de hacerlo lo mejor que saben y, otros, no sabrán cómo ayudarte e incluso algunos puede que se retiren de tu camino. Esta segunda opción no te gustará, a pesar de ello, piensa que tú habrás sacado tus emociones fuera, te habrás liberado y sabrás con quién cuentas para apoyarte, sin expectativas, sabiendo la realidad.

El remolino de emociones y pensamientos aparece ante cualquier cambio drástico que condicione nuestra existencia. Y sobre todo ante una enfermedad que requiere de un tratamiento agresivo para una enfermedad crítica. Es un proceso al que hay que dar su lugar, su tiempo y toda nuestra comprensión. Tenemos que darnos el tiempo que necesitemos, con amor hacia nosotros por lo que estamos viviendo. Esta parte es solo responsabilidad nuestra y nadie lo puede hacer por nosotros.

En varias ocasiones he oído que "Dios no te hace pasar por situaciones que no vayas a poder soportar". Pero por experiencia te aseguro que se puede llegar al límite de lo soportable. Cuando llegas a ese límite en el que sí o sí tienes que pasar por tratamientos dolorosos, estadios de la enfermedad en los que se siente mucho malestar o situaciones dramáticas llenas de dolor físico y emocional, es bueno contar con algunas técnicas que puedan ayudarnos a sobrellevar toda esa carga.

Tardé en darme cuenta de que tenía una enorme capacidad para adaptarme a los cambios y superar las adversidades que se me presentaban: lo hacía y ya. Salía esa fuerza de forma automática. Las personas de mi entorno me preguntaban que cómo lo hacía, y yo no sabía qué contestarles. De hecho, pensaba que no había nada especial y que todo el mundo era capaz de hacerlo. Hoy en día sigo pensando que todos somos capaces de hacerlo, pero me he dado cuenta de que algunas personas tenemos algún mecanismo innato que hace que nos cueste menos que a otras; que otras personas quizás necesitan más tiempo y más esfuerzo que nosotros.

Con el tiempo también me he dado cuenta de que las personas que tenemos esa fuerza, esa capacidad para resurgir de nuestras cenizas —incluso después de haber caído en lo más profundo del precipicio—, tenemos el deber de compartirla con los demás para contribuir con su bienestar. Podemos hacer que su camino sea más liviano y enseñarles a acceder a ese poder que también habita dentro de ellos.

De todas formas, si hay algo cierto es que, por mucho que tengamos "facilidad" para reponernos de las vicisitudes de la vida, hay momentos en los que las situaciones también nos sobrepasan. No siempre tenemos el mismo nivel de fuerza, de modo que todos necesitamos ayuda en algún momento y necesitamos aprender a subir los escalones que se nos presentan a lo largo de nuestro camino. Es un aprendizaje para todos y podemos ayudarnos los unos a los otros.

¿Y cómo se consigue salir del remolino? Con autoconocimiento, aprendiendo a mantener el amor propio y la compasión por nosotros, con el aprendizaje de dinámicas o ejercicios para gestionar nuestras emociones, identificando nuestros valores y revisándolos, y eliminando las creencias que nos puedan resultar limitantes.

Todo este trabajo en su conjunto nos ayudará a adquirir los recursos necesarios para superar las adversidades. Nos ayudará a ver opciones y las puertas de salida de esos senderos estrechos que nos toca atravesar. Nos permitirá encontrar nuevos caminos, más livianos, que nos llenarán de gratitud.

Yo tenía una gran capacidad para resurgir y continuar, pero me acompañaba en muchos tramos del camino un sufrimiento que podía haber gestionado. Ahora, además de tener esa capacidad, cuento con una serie de técnicas aprendidas que me ayudan a seguir adelante por mi camino con un menor esfuerzo y dolor emocional. Todos podemos elegir sufrir lo menos posible a pesar del dolor que nos toque vivir.

3. MÁS ALLÁ DEL DOLOR FÍSICO

"Transformar nuestro sufrimiento en fuerza interior hará que tenga sentido lo vivido."

El dolor físico nos avisa de una lesión, de un problema de salud o de algún desequilibrio que se ha producido en nuestro organismo. Y puede llegar a ser invalidante. Para quitarlo podemos recurrir a analgésicos y en la mayoría de los casos desaparece.

El dolor emocional, del mismo modo que el físico, nos avisa de que algo no está bien dentro de nuestro ser. Aparece ante la pérdida de un ser querido, una decepción, un fracaso amoroso, una traición o una mentira. Es un dolor que nos lleva al sufrimiento. Y la entrada a nuestras vidas de una enfermedad también supone un dolor emocional que como tal nos hace sufrir.

Es una sensación de sufrimiento que se produce en nuestra mente y no tiene por qué haber un motivo físico que lleve a este tipo de dolor. Aunque si se añade una enfermedad con dolor físico ambos van de la mano.

Este dolor emocional puede llevar a más afectaciones físicas de las que ya tenemos por nuestra enfermedad original, ya que el sufrimiento emocional se puede somatizar y pueden aparecer más síntomas de los que teníamos en un principio. Algunos de estos síntomas pueden ser dolores de espalda, de cabeza, diarreas, vómitos, molestias gástricas, mareos, disminución del deseo sexual e incluso febrícula. Y en casos más intensos de dolor emocional, se podría producir un bloqueo del movimiento o sensibilidad de alguna extremidad o un bloqueo del habla.

Hay estudios neurofisiológicos que demuestran (mediante resonancias magnéticas funcionales), que el dolor psicológico y emocional impactan en nuestros circuitos neuronales activando áreas del cerebro similares a las que suelen activarse cuando se experimenta un dolor físico. Por tanto, el dolor emocional necesita de la misma atención que el físico y debemos cuidar y sanar esas heridas emocionales de la manera adecuada, buscando la mejor disciplina o terapia.

Ahora que ya sabes la importancia de tratar tu dolor emocional igual que tratas el dolor físico, es el momento de que sepas gestionarlo para poder llevar una mejor calidad de vida con la enfermedad.

No debes enterrar ese dolor emocional ni poner una tirita a la herida sin más. Eso no funciona, es un apaño temporal, la herida cicatrizará mal y más tarde o más temprano se abrirá. Si en tu infancia te enseñaron a no mirar lo que duele y a ocultarlo como si no existiese porque "no se ve", en tu cerebro este programa quedó grabado y actúas bajo sus mandatos. A mí me pasó. Es hora de desprogramarlo para atender lo que te duele y sanarlo.

Yo lo hacía muy bien, enterraba mi dolor emocional con una habilidad impresionante. Me convertí en una experta a la hora de ocultarlo en lo más profundo de mi ser para poder sobrevivir y luchar contra la adversidad con toda mi fuerza. Y conseguí salir adelante, aunque la herida quedó sin cicatrizar bien y se abrió con los años como era de esperar, lo que me llevó a un sufrimiento que podía haber evitado si hubiese tenido los recursos que tengo hoy en día.

Otros compañeros de viaje, que he tenido en mi camino por la enfermedad y que también vivían "enganchados a una máquina", ante el dolor emocional eligieron quedarse en la depresión, en la tristeza y en el desánimo para no hacer frente a su dolor.

Hay una forma de sufrir lo menos posible, el dolor físico no lo elegimos, sin embargo, el sufrimiento emocional lo podemos evitar o reducir. Mirar ese sufrimiento, reconocerlo, sentirlo y gestionarlo forma parte del tratamiento completo de nuestra enfermedad.

Durante el periodo de negación de la enfermedad, este dolor emocional te puede llevar a la necesidad de querer volver a tener una vida sin medicamentos, sin cuidados y sin limitaciones. Este no fue mi caso, aunque sí lo pude ver en otras personas que padecían una enfermedad crónica. El deseo de querer volver a tu vida sin la enfermedad es normal, pero tenemos que darnos cuenta de que dejar el tratamiento y nuestro cuidado puede tener fatales consecuencias y nos puede llevar a una situación peor que la que tuvimos al inicio de la enfermedad. Si este deseo es muy fuerte en ti y no lo puedes controlar, busca ayuda y date tiempo para terminar tu proceso de adaptación y aceptación.

Para tratar tu dolor emocional te va a ayudar realizar actividades que te lleven a una vida saludable como el ejercicio físico, tener una vida social, una alimentación adecuada para tu enfermedad, realizar *hobbies*, leer y sobre todo gestionar tus emociones.

Superar este sufrimiento necesita del valor y del coraje de poder continuar a pesar del miedo, de la tristeza o de la desesperanza, sabiendo que merece la pena seguir con tu vida.

El coraje de luchar y la valentía de vivir a pesar de la adversidad es un triunfo del que nos podemos sentir orgullosos.

4. LA FUERZA DEL PROPÓSITO

*"Siempre hay algo por lo que vivir,
así es como encuentras el camino
por el que tú decides transitar."*

Víctor Frankl, psiquiatra austriaco y prisionero del ejército nazi, en su libro *El hombre en busca de sentido* narra su experiencia en los campos de concentración. Tuvo años de sufrimiento pasando hambre, frío y brutalidades y estuvo varias veces a punto de ser ejecutado. En este libro transmite que la vida es digna de ser vivida y la capacidad del ser humano para superar las adversidades y los sufrimientos gracias a un propósito, a una verdad profunda que nos guía y da sentido a la vida.

A lo largo de mi vida, cada vez que he llegado a una meta y con el tiempo he mirado hacia atrás, me he preguntado cómo lo he conseguido. Cuando leí este libro hace unos años supe cómo lo había hecho. Fue gracias a esa meta que me había propuesto lograr en cada momento, a ese propósito que me iba a llenar de satisfacción y alegría cuando lo consiguiera. Lo veía antes de conseguirlo. Y eso sacaba mi fuerza, resiliencia, perseverancia y mi agradecimiento por seguir viva. Mi creencia poderosa de que lo podía lograr, mi actitud optimista hacia las soluciones y el no rendirme eran también aliados en esta misión.

Muy a mi pesar, esta fórmula la tuve que usar más veces de las que hubiese querido. Mi destino me puso a prueba con los trasplantes, los rechazos, las intervenciones quirúrgicas, mis embarazos y mi divorcio. Y al final, resultaron ser oportunidades para desarrollar todas esas habilidades y capacidades cuyo combustible eran mis propósitos y mis ganas de vivir para cumplirlos.

Para mí, no hay un único propósito a lo largo de la vida, sino que hay determinados propósitos en cada etapa de nuestra vida. Son pequeños propósitos que te dirigen a un gran propósito final. Son metas que vamos consiguiendo según las circunstancias de cada fase en la que estamos y que una vez conseguidas, nos permiten pasar a la siguiente. Si te rindes antes de llegar a la meta, tu vida deja de tener sentido y vuelves a recobrarlo cuando retomas el camino hacia esa meta. Y si consigues una meta y crees que por ese logro ya no necesitas conseguir nada más, también deja de tener sentido. Sin embargo, si vas pasando fases, logrando tus pequeños propósitos y subiendo escalones poco a poco, dedicando cada peldaño alcanzado a aprender y a experimentar tu existencia, encuentras un sentido y un camino que te dirige a algo mayor de lo que en esos momentos puedas imaginar. Cada una de esas metas, de esos pequeños propósitos alcanzados, va encajándose como una pieza del puzle de tu vida para lograr al final montarlo en su totalidad. Y el puzle completado es tu propósito final, tu propósito de vida.

Ese propósito final está relacionado con tu esencia, con tu misión en la vida. Es la respuesta a *para qué estás aquí* y *para qué pasas por las experiencias que te toca vivir*. Llegar a ser consciente de ese propósito, sintiéndote en paz y realizado, se consigue con un trabajo interior de autoconocimiento, descubriendo tus creencias, tus emociones, tu aceptación y el amor por ti. Es un proceso que te conecta con tu poder interior, con tu luz, con tu espíritu. Una vez que lo encuentras, sientes el impulso de aportarlo al mundo, mostrarlo al exterior para ayudar a otros con lo que tú les puedes dar.

Yo siempre he tenido un propósito por el que luchar en cada etapa de mi vida, y doy gracias por esa fuerza innata que me llevó a cada uno de ellos. Esa fuerza que me impulsó a continuar mi camino procurando no perder del todo la sonrisa a pesar del gran dolor y sufrimiento que me fui encontrando. En este camino me faltó ocuparme de mí, de esa parte interna que había que consolar, comprender, cuidar y amar para, de esta manera, evitar tanto sufrimiento en el proceso. Tuve la fuerza que me impulsó hacia afuera, pero me faltó mirar hacia adentro para conectar con esa fuerza dentro mí que me daba el poder de superar la adversidad, y así conectar con mi don y con mi esencia enriqueciendo mi Ser.

En mi etapa de desarrollo y crecimiento personal, he podido mirar hacia dentro y observar lo que hice y cómo lo hice. Conocerme y descubrir qué me ha llevado a ciertos comportamientos deseados y no deseados, a ciertos logros y aprendizajes (que no errores) y a ser quien soy y lo que soy hoy en día. Me di cuenta de que si juntaba todo este autoconocimiento con lo vivido y lo aprendido en el arte del desarrollo personal, mi sufrimiento se reducía considerablemente e incluso lo podía erradicar si volvía a hacer acto de presencia.

He logrado propósitos en cada etapa vivida: mis estudios, mis hijos, mi carrera profesional, mi vida social, mi desarrollo personal… Ahora, con lo vivido, con estos propósitos conseguidos y también con los no conseguidos, uno las piezas de mi puzle hacia mi propósito final. El propósito de ayudar a otras personas que están pasando por situaciones similares a las que yo he pasado para que consigan vivir como desean y puedan dar un sentido a sus vidas. Ayudarlas a que aprendan a cuidarse por dentro y por fuera, a conseguir un estado de bienestar y a encontrar su propósito para sentirse plenos y satisfechos. Y que puedan sentir agradecimiento por la vida.

Si tú deseas llegar a ese estado de bienestar dando sentido a tu vida conectando con tu propósito estás leyendo el libro que te va a ayudar. Mi mensaje es que, si quieres, puedes conseguir lo que te propongas. Aunque hay que trabajar y tomar acción para lograrlo.

CAPÍTULO III:
¿QUÉ LLEVA EL COCTEL DE EMOCIONES?

1. CULPA

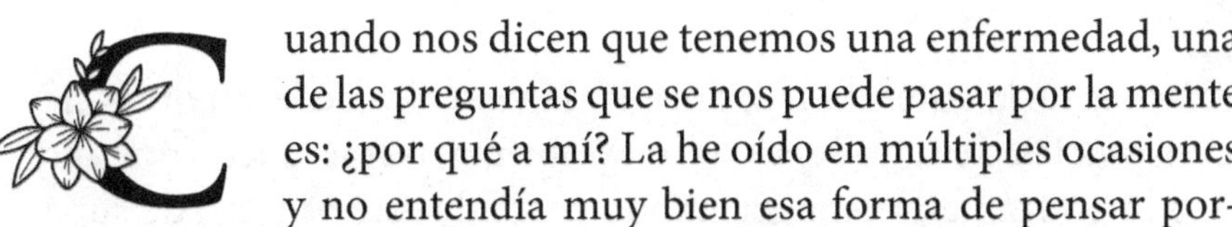

uando nos dicen que tenemos una enfermedad, una de las preguntas que se nos puede pasar por la mente es: ¿por qué a mí? La he oído en múltiples ocasiones y no entendía muy bien esa forma de pensar porque interpretaba que nadie se merecía estar enfermo y que nadie debería sufrir ninguna enfermedad. "Ni a mí ni a otra persona" debería pasarle situaciones que lleven al sufrimiento.

En mi caso, la pregunta que me repetía era ¿qué he hecho mal?, y era una pregunta reiterativa. Unas veces de forma consciente y otras, con mucha frecuencia, de forma inconsciente.

Al final, ambas preguntas esconden culpa, así como la creencia de que esa enfermedad que se nos presenta como compañera de vida es un castigo. El tipo de cultura de la que provenimos, así como las creencias que nos han inculcado (la sociedad, la familia...), convierten nuestra mente en un caldo de cultivo idóneo para que germine la culpa con gran facilidad. Son preguntas con las que nos maltratamos y con las que somos injustos con nosotros mismos. No hay ningún castigo divino ni no divino en nuestra enfermedad. El sentimiento de culpa ante una enfermedad nos lleva a un sufrimiento evitable e innecesario.

No somos culpables de estar enfermos. Somos responsables de tomar las riendas de nuestra vida ante la enfermedad y de tomar decisiones para mejorar nuestra calidad de vida. Somos responsables de elegir el camino que nos lleva a vivir de la mejor manera posible ante las circunstancias que se nos presentan.

Cuando comprendemos que la enfermedad nos ha llevado a un camino de aprendizaje al que no hubiésemos ido si no fuera por ella, nos liberamos de esta culpa. Aunque sea un duro camino, tiene su lado positivo. Y sé que ese lado positivo se puede tardar mucho tiempo en ver.

Entiendo que si estás en esta fase del proceso pienses, según estás leyendo, que no has tenido ningún aprendizaje. Yo misma lo negaba, y con rabia, porque durante algunos años fui incapaz de ser consciente de haber aprendido nada con el dolor y el sufrimiento.

Además de la enfermedad, durante la vida te sucederán otras circunstancias desagradables que también tendrás que afrontar y que te podrán a prueba formando parte de este proceso de superación y aprendizaje.

Créeme que con el tiempo esa puerta, que te lleva a dar sentido a lo vivido, se abre y descubres a dónde has llegado y todo lo que te ha aportado tu proceso, todo lo que has descubierto de ti en el camino. Llegas a agradecer ese descubrimiento. Lo he comprobado en mí y en otras personas a las que he podido ayudar a encontrar ese sentido a lo vivido para llegar al bienestar y a la satisfacción de elegir cómo vivir. Y tú también puedes lograrlo.

2. MIEDOS

Enfrentarse a una enfermedad que hay que incorporar en nuestra vida, además de afectar a los pensamientos y a las emociones, afecta a los comportamientos, a las actividades diarias y a nuestros hábitos.

Y en todo este complejo remolino aparecen los miedos. Diferentes miedos que nos secuestran y pueden tomar el control de nuestras decisiones y de nuestra vida.

El miedo es una emoción básica que forma parte del ser humano, forma parte de nuestra existencia y está ahí para protegernos. Esta emoción se encarga de asegurar nuestra supervivencia ante un peligro o una amenaza. Como todas las emociones, el miedo cumple una función vital que busca ayudarnos, tiene una *intención positiva*. El problema está cuando ese miedo aparece ante un pensamiento o una situación imaginada que no está presente en ese momento y se convierte en una emoción desagradable que puede controlarnos. Y si son varios los miedos que nos acosan, esta posibilidad aumenta de forma exponencial. Con los miedos podemos quedarnos atrapados en ellos llegando a que nos paralicen.

Sin embargo, siempre tenemos opciones ante las emociones desagradables que sentimos. Y con los miedos, una opción es enfrentarte a ellos, mejor dicho bailar con ellos. Si al miedo le das su lugar tomando tú el control de la situación, sin luchar, será un aliado y no un enemigo. Si eres consciente de cuándo aparece en ti, lo reconoces, le pones nombre, encuentras la intención positiva que tiene (en qué te quiere ayudar) y lo gestionas estarás dando los pasos necesarios para conseguir bailar tu danza particular con tu miedo. Tras este baile le despides para continuar avanzando en tu vida.

Los miedos que te pueden aparecer relacionados con la enfermedad que tienes son muy diversos. Asoma el miedo al dolor, a sufrir síntomas con un malestar físico grande, a no poder llevar la vida de antes, a no saber realizar el tratamiento de forma correcta, a la incapacidad y a la muerte.

Añadidos a estos miedos te aparecen otros más recónditos, más de tu interior. Revives viejos miedos relacionados con tus heridas profundas, que están desde tu infancia, y miedos que han ido surgiendo a partir de tus experiencias. Algunos son el miedo al rechazo, a no ser aceptados, a ser juzgados, al abandono y a la soledad.

A mí también me han aparecido todos estos miedos en diferentes etapas de mi vida y de mi enfermedad. Y de algunos fui consciente en el momento en que aparecieron, sin embargo, de otros no lo he sido hasta hace unos años, en el momento en que avancé en mi proceso de autoconocimiento.

El miedo a ser rechazado por el entorno y por la sociedad produce angustia y depresión e incluso nos puede llevar a sentir rechazo hacia nosotros mismos. Este miedo me surgió después del rechazo del primer trasplante. No supe reconocerlo y ver que estaba detrás de otras emociones que sentía. Se intensificó fuertemente tras el segundo rechazo hasta el punto de que comencé a no contar mi situación de salud para que no condicionase la valoración que hacían de mí y, sobre todo, de mi profesionalidad a nivel laboral. Quería sentirme igual que los demás, que no condicionase mi realidad y que no fuese un motivo para que otras personas vieran antes a la enfermedad que a mí al relacionarse conmigo. Al final, esto generó en mi interior una sensación de *no aceptación*. Llegué a negar mis circunstancias, y con ello llegué a no aceptarme a mí misma: empecé a esconder mi esencia y mi fuerza. Tocó mi autoestima sin darme cuenta de ello.

El miedo al abandono y a la soledad apareció con más intensidad cuando se debilitaba mi cuerpo como consecuencia de la propia enfermedad o del tratamiento, y aparecía el agotamiento mental y emocional. Mi enfermedad se alargaba en el tiempo y aparecía el miedo a que familiares o amigos se alejasen. No quería ser una carga para los demás y, tras no recibir ayuda por algunos seres queridos, dejé de pedirla, sobrepasando mis posibilidades y mis fuerzas. Al final me di cuenta de que tanto empeño en no ser una carga me llevó a un miedo a serlo. Además, tuvo como consecuencia que ellos creyeran que yo podía con todo lo que me pasaba. Y aunque solo pedí ayuda en momentos de extrema necesidad, no pude evitar que los que se quisieron alejar al final se fueran.

Es importante que aprendas a gestionar tus miedos, buscar recursos internos y externos para que, si esa situación que tanto temes se llegara a producir, puedas vivir bien y no mantengas una dependencia emocional con otras personas que solo te va a hacer sufrir.

Otra fase en la que te toca gestionar tus miedos es cuando eres consciente de que algunos de los miedos que te aparecen ya estaban en ti, porque surgen de tus heridas de la infancia, y entras en otro nivel de compresión hacia ti. Todos tenemos estas heridas porque en algún momento, de pequeños, nos sentimos abandonados y solos, aunque en la realidad no fuera intencionado por las personas que nos hicieron sentir así. Reconoce estos miedos, tus heridas e inicia un proceso de curación con las herramientas que necesitas: este proceso te llevará a ser libre.

Un miedo importante que suele estar muy ligado a la enfermedad es el de llegar a ser dependiente de otras personas por una incapacidad para valerse por uno mismo —en algunos momentos o durante toda la enfermedad—. Es el miedo a perder nuestra independencia y nuestra libertad. Y también el de considerarnos una carga para la familia. Ante esta necesidad humana e inevitable que se puede presentar, mi consejo es que te desprendas de la idea de culpa y seas consciente de que, como ser humano, te mereces lo mejor, y en esas circunstancias tan especiales te mereces que te cuiden y te mimen.

También es justo darle la oportunidad de actuar en esa situación a tus seres queridos, a aquellos que quieren ayudarte de verdad y sentirse útiles. Y los que no quieran hacerlo, permitirles que se alejen y te dejen con tu paz. Cuando confías, la vida te pone delante las personas que van a estar ahí para ti.

Y por último, quiero hacer referencia a una situación que puede darse y que puede ser perjudicial para tu bienestar. Cuando no se nota mejoría en los síntomas de la enfermedad te puede aparecer otro miedo muy destructivo: el miedo a que el tratamiento no sea el adecuado, y que tu desconfianza genere rechazo hacia tus especialistas médicos. Esto entraña el peligro de que esa desconfianza te lleve a no seguir sus consejos y el tratamiento prescrito. Es importante que confíes en el equipo médico que te atiende, plantear todas las dudas que tengas y confiar en que estás en buenas manos. Si esto no llega a ser así, te recomiendo que pidas otra opinión y confirmes si estás en las manos adecuadas, y a partir de ahí, relajarte y dejar que ese miedo se disuelva.

Sentir miedos no impide que se materialicen, no son amuletos de la suerte ni mantienen alejados el dolor o el sufrimiento de tu vida, de modo que es mejor saber qué miedos llevas en tu mochila y qué recursos necesitarás si llega a materializarse alguno de los escenarios que tanto temes.

Si no aprendes a manejar estos miedos, corres el riesgo de que se cronifiquen, y si se cronifican, vivirás con la angustiosa sensación de estar siempre en peligro. Nuestro cerebro no distingue entre los *miedos reales* —que surgen ante un peligro en el que hay que actuar en el momento— y los *miedos imaginarios* que elucubra nuestra mente. Actúa de la misma forma ante ambos produciendo hormonas del estrés. Esta situación mantenida en el tiempo puede producirte ansiedad y depresión.

Por eso es muy importante que aprendas a gestionar tus miedos, tus emociones, y te sigo dando pautas a lo largo del libro para ello.

2.1. ¿Qué quieren tus miedos y qué actitud puedes adoptar ante ellos?

Como te he mencionado antes, el miedo es una emoción básica primaria que te avisa de un peligro o amenaza. La misión principal del miedo es protegerte, es asegurar tu supervivencia en ese momento y llevarte a actuar. El peligro que sientes está en tu mente e incluso puede que ni siquiera seas consciente de que tienes un pensamiento de peligro que te hace sentir miedo. Pero tu cuerpo sí lo siente y se prepara para luchar o huir. Cuando estos miedos se instalan en ti y no realizas una gestión adecuada te pueden llegar a paralizar y no permitirte avanzar.

El miedo te trae una información, un mensaje sobre ti, sobre lo que estás pensando o imaginando en ese momento y aparece para protegerte de eso. Esta es su intención positiva para ayudarte. Es fundamental que tengas en cuenta esta parte para no luchar contra el miedo y enfrentarte a una guerra en la que es muy probable que al final no ganes. No veas a tus miedos como *enemigos,* sino como *aliados* que van a colaborar contigo para que te des cuenta de qué hay en tu interior y qué es lo que tienes que trabajar para avanzar en tu proceso. Recuerda: no luches con tus miedos, baila con ellos. Y después del baile, despídeles y dales las gracias porque ya han cumplido su misión.

Gestionar el miedo cambia tu perspectiva frente a la vida. El miedo te lleva a recordar experiencias negativas y sentir que vives en un entorno enemigo. Si te esfuerzas en hacer esa gestión y, después, en ver lo bueno y positivo que hay en la vida, tu mente se enfocará en esta parte e influirá en tu seguridad. Es poner el foco en las pequeñas cosas que te dan alegría, luz, bienestar y te hacen sentir paz, así como sentir gratitud por lo que tienes.

Si miras a los miedos de frente verás que no son tan terribles. Cuando realizas actividades, incluso con miedo, contribuyes a aumentar la confianza en ti. Pasar tiempo en la naturaleza es una terapia magnífica que te ayudará a reducir el miedo y a mejorar tu salud al relajarte y ayudarte a conectar con emociones agradables. También te ayuda compartir tu tiempo con personas que te hacen sentir bien. Las relaciones sociales sanas y satisfactorias ayudan a que los miedos se vayan alejando de tu vida y mejoran el estado de salud.

Estar constantemente preocupado por un suceso o un acontecimiento concreto no evita que eso ocurra, sino más bien al contrario: puede precipitarlo. Vuelvo a recordarte que los miedos no te ayudan a evitar que en un futuro suceda eso que tanto temes, y tomar una actitud adecuada ante los miedos sí que te proporciona las herramientas que necesitarías si sucediese. Incluso esa actitud te hará ver que lo que temes que pase no es tan terrible y te dará seguridad.

Y por último, otra opción que te ayudará a enfrentarte a tus miedos es agarrarte con fuerza a tus sueños. Esto te ayuda a poner foco en lo que sí quieres y a conseguir bailar tu danza especial con tus miedos. Imaginar que has conseguido esos sueños, sabiendo ya qué hacer con tus miedos y sentir las emociones que tendrás cuando los alcances te pone en el camino para lograrlos.

- *Ejercicio para gestionar el miedo:*

Para realizar el baile que te va a permitir gestionar tu miedo te invito a realizar los siguientes seis pasos con el fin de conseguir dirigir tú esa danza y con ello tu vida.

1. Toma de consciencia:

    - ¿Sientes que comienzas a sentirte mal, con angustia, nerviosismo, preocupación excesiva y tienes la sensación de no poder hacer lo que tienes planificado e incluso que te paralizas? Tu cuerpo y tu mente te avisan de que algo no va bien. Que tienes un trabajo que hacer contigo.

- Pon nombre a lo que sientes. Piensa si detrás de estas sensaciones hay algún miedo que ha llamado a tu puerta. Si es así, ya tienes el nombre de tu emoción: *miedo.*

2. ¿Dónde lo sientes?

   - Realiza un recorrido por tu cuerpo a modo de escáner para identificar en qué parte estás sintiendo ese miedo. ¿Qué parte del cuerpo te duele, está tensa y cómo es tu respiración?
   - Observa cómo se manifiesta tu miedo en tu cuerpo. Identificar esta relación entre tu emoción de miedo y tu cuerpo te ayudará a reconocerlo con más rapidez cada vez que aparezca.
   - Mide del 1 al 10 qué nivel de miedo tienes, siendo el 1 el nivel más bajo y 10 el nivel más alto.

3. Detente:

   - Deja cualquier actividad que estés haciendo y busca un espacio tranquilo donde no te interrumpan.
   - Enfócate en tu respiración para regularla de manera que logres respirar de forma pausada, inspirando y espirando despacio realizando dos o tres respiraciones con profundidad. Ahora respira despacio y tranquilo, sin necesidad de que sea una respiración profunda.

4. Reflexiona. Te puedes plantear las siguientes preguntas:

   - ¿Qué es lo que estoy pensando?
   - ¿Qué es lo que estoy sintiendo?
   - ¿Qué es lo que me hace sentir miedo?
   - ¿Por qué estoy sintiendo miedo?
   - ¿Qué es lo que pienso cuando tengo miedo?
   - ¿Qué hay de verdad en lo que pienso?
   - ¿Cuál es la realidad en este instante, aquí y ahora?
   - ¿Qué opciones tengo ante esto?

Contestar estas preguntas te ayudará a conocer mejor tus miedos.

5. Organiza todas esas respuestas. Con todos los pensamientos que has tenido pregúntate:

- ¿Qué puedo hacer para dejar de sentir este miedo?
- ¿Qué opciones tengo?
- De las opciones que tengo, ¿cuál o cuáles me hacen sentir mejor?
- ¿Qué opción elijo de esas?
- ¿Qué pasos puedo realizar para llevar a cabo esa opción? ¿En qué orden voy a realizar esos pasos?

6. Pasa a la acción:

- Escribe cada paso específico que vas a realizar para llevar a cabo esa acción, la opción elegida, y el orden en que has decidido realizarlos.
- Actúa. Lleva a cabo cada uno de esos pasos.
- Una vez que hayas realizado esos pasos mide tu nivel de miedo del 1 al 10, siendo 1 el nivel más bajo y 10 el más alto. ¿Ha bajado ese nivel en relación a la puntuación que tenías al inicio del ejercicio?

Si necesitas realizar más acciones vuelve a repetir el paso 6 con cada una de ellas. Realiza las acciones que te sean necesarias hasta que tu nivel de miedo baje lo suficiente para que te sientas bien y con más seguridad.

Actuar es fundamental porque consolida todo lo que has pensado y reflexionado y te lleva a integrar en tu día a día este baile que te ayudará a avanzar.

Reconoce el miedo. No lo evites ni lo escondas. Gestionarlo te permite resurgir y construir una vida en la que el miedo no tenga el control cada vez que aparezca.

3. Tristeza

*"Todo lo que necesitas para superar
la tristeza está dentro de ti."*

La tristeza es otra emoción primaria que nos informa que hemos perdido algo importante para nosotros o que nuestra necesidad básica de amor no está cubierta o atendida. También aparece cuando no expresamos lo que sentimos. En este punto, la tristeza nos obliga a parar para reflexionar qué es eso que nos falta y buscar nuevos caminos para conseguirlo.

El cerebro se activa por la tristeza en numerosas áreas y segrega sustancias químicas que llevan al dolor emocional, al aislamiento social y al conflicto. Esto afecta a la memoria y a la atención. Y también afecta a nuestro cuerpo produciendo malestar.

Ante una enfermedad crónica, que nos acompaña en nuestro día a día, es normal que sintamos tristeza. La tristeza nos informa de lo que hemos perdido, en nuestro caso una vida sin enfermedad, una vida con la libertad que teníamos. La tristeza va muy relacionada con el enfado, con la ira, de manera que nos podemos sentir muy enfadados y con rabia. Cuando no escuchamos la tristeza o no la expresamos se puede esconder dentro de la ira. La ira es una emoción muy perjudicial y esconde debajo otras emociones como puede ser la gran tristeza que realmente sentimos por nuestra pérdida y nuestra situación. Hay algunas personas que cuando sienten la tristeza quieren que desaparezca lo antes posible; otras, sin embargo, se mantienen en ella pudiendo llegar a identificarse con el rol de víctima.

La tristeza forma parte del duelo y para superarla es necesario un tiempo, cada uno el suyo. Algunas personas buscarán la compañía de seres queridos para su proceso y otras la soledad.

Para superar tu tristeza no debes negarla ni esconderla, al igual que el resto de las emociones desagradables. Debes reconocerla, aceptarla y hacer frente al dolor que sientes para después dejar que se vaya.

Te puede ayudar llorar porque te libera de la tensión y de la angustia llevándote a la calma —siempre que el llanto no se convierta en un modo de mantener el bucle de pensamientos que te lleva a la tristeza—. Llorar es una manera de expresar tu sufrimiento, tiene su misión durante un corto periodo de tiempo y ten en cuenta que debe tener un final para que la tristeza se vaya y dé paso a otras emociones agradables.

También te ayudará en esta gestión de la tristeza realizar actividades que te gusten y te distraigan, hacer ejercicio, bailar, cantar, cuidar tu imagen personal e incluso hacer cambios, quedar con las amistades y visitar distintos lugares. Cambiar de actividad te hace cambiar el foco que tienes puesto en la tristeza. Cuando realizas alguna acción que te lleva a mover tu cuerpo cambia tu estado de ánimo, te lleva a pasar de la tristeza a la alegría o a otra emoción agradable que te saque de esa tristeza. Y también, puedes recurrir a la relajación para conseguir calma y paz mediante el control de tu respiración, la meditación, imaginar en tu mente aquello que te tranquiliza y la práctica de *mindfulness*.

Todas las acciones que te he referido te ayudan a salir de los pensamientos repetitivos negativos e interrumpen la liberación en el cerebro de las sustancias químicas que se liberan por la tristeza. Y, al ser acciones que te gustan, tu cerebro segrega hormonas del placer que refuerzan tu estado de ánimo positivo.

Con esto no te quiero decir que, cuando consigas salir de la tristeza, no vuelva a aparecer. Puede que ocurra, pero ya sabes que hay algo que puedes hacer para no quedarte con ella. La atenderás, escucharás el mensaje que te trae sobre qué has perdido o qué necesidad no ha sido atendida en ti, usarás tus recursos y cambiarás de actividad para dejar que se vaya. Más adelante, en el tercer capítulo, hay un apartado dedicado a la gestión de las emociones en el que te doy pautas para gestionar cualquier emoción y podrás aplicarlas también a la tristeza.

Si diriges tu mente a lo que te es agradable y placentero, la tristeza va perdiendo fuerza, y si en algún momento te vienen otros pensamientos que te sacan de la tranquilidad o de la alegría, no te quedes con ellos, no entres a dar fuerza a esos pensamientos perjudiciales, vuelve a tus recuerdos o pensamientos agradables con los sentimientos que te producen.

Otra acción que a mí me sirve poderosamente para salir de la tristeza, como ya te he contado en mi historia, es *sonreír*. Cuando sonríes, tu cerebro recibe señales que activan los centros del placer y tu mente y tu cuerpo sienten emociones agradables. Este proceso también se produce en tu cerebro aunque sonrías sin tener ganas. Sonríes y mueves músculos que dan lugar a esa activación que desencadena la liberación de serotonina, una hormona que produce la sensación de bienestar. A mí, siempre me funciona. Si te cuesta realizar cualquiera de las actividades que te he aconsejado antes, prueba a sonreír antes de empezar, aunque sea una sonrisa forzada. Este acto tan sencillo te preparará para realizar otras actividades placenteras. Sonríe aunque estés triste, sentirás la magia sobre ti.

La gestión de la tristeza te llevará a prestarte la dedicación que necesitas y a que la tristeza no se quede en tu vida. Si la tristeza se instala de forma crónica, pasaría a la forma de depresión en la que ya necesitarías la atención de un especialista. Puedes evitar dar ese paso. Y si ya estás en esa fase de depresión, además de tener el tratamiento prescrito por tu médico, también puedes realizar todas estas actividades, te van a ayudar a salir de ahí.

4. IRA

La ira es otra emoción primaria presente en nuestra vida, que surge en momentos de conflicto con nosotros mismos o con otras personas. El nivel de la ira puede ir desde un leve enfado hasta una profunda rabia que lleva al odio.

Sentimos ira cuando nos sentimos heridos, cuando percibimos que somos tratados con injusticia o cuando creemos que no podemos alcanzar alguna de nuestras expectativas o metas. Sentir esta emoción tiene una función con su intención positiva, sin embargo, no debemos permitir que permanezca por mucho tiempo en nosotros. Un mensaje que nos puede traer es que *tenemos que protegernos de algo que nos hace daño* o puede que sea para avisarnos de que *nuestros límites están siendo transgredidos*. En ambos casos, la ira nos invita a pasar a la acción para resolver la situación en la que nos encontramos y debemos hacerlo sin dejarnos llevar por ella. Es solo una mensajera y nosotros debemos elegir cómo actuar al respecto, sin agresividad.

Cuando tenemos una enfermedad, puede surgir la ira, porque consideramos que se nos ha tratado de manera injusta, porque nos sentimos heridos a nivel físico y emocional, y porque pensamos que las expectativas que teníamos para nuestra vida ya no son posibles. La ira tiene tres tipos de respuestas:

1. La respuesta del cuerpo al activarse para la defensa o el ataque. El corazón aumenta su ritmo, la respiración se acelera y los músculos se tensan. En este estado estamos predispuestos a actuar con impulsividad y nos puede llevar a comportamientos agresivos.

2. La respuesta a nivel cognitivo. Este tipo de respuesta depende de cómo interpretemos la situación. Cuando estamos ante la adversidad, esta repuesta por sí sola no tiene ningún valor emocional. Es la valoración que nosotros hacemos de esa adversidad con los pensamientos que hacen emerger las emociones, en este caso la ira, la que le da un significado.

3. Y la conducta que tenemos como consecuencia de los pensamientos y la aparición de la ira. En principio, la ira es una respuesta para defendernos de lo que obstaculiza nuestro camino y destruir ese obstáculo. Sin embargo, *ira* no es lo mismo que *agresividad*. La agresividad en una forma de expresar la ira, quizás porque en algún momento aprendimos que eso era lo correcto, pero en todo caso esa forma de gestionar las emociones no es recomendable.

Si lo que pretendemos destruir con la ira es el obstáculo que se nos ha presentado en forma de enfermedad, nuestra batalla está perdida. Es mejor usar esa energía para buscar las opciones que tenemos para gestionar esa ira de forma adecuada para que no nos destruya.

Las consecuencias de la ira te perjudican a ti y a tu entorno. La ira te puede llevar a situaciones que empeoren tu situación original con la enfermedad. Te lleva a actuar con impulsividad, sin pensar en las consecuencias de tu comportamiento. Una mala gestión de la ira también nos puede llevar a otras enfermedades y más cuando se convierte en un estado mantenido en el tiempo e incluso en una actitud habitual.

A veces la ira emerge para proteger tu orgullo, porque es más fácil sentir ira que sentirte herido y vulnerable. Esta actitud te impide mirar hacia dentro. Además, la ira transmite una imagen negativa de ti a los demás. Las demás personas te evitarán y tus relaciones personales se verán afectadas. Y también te transmite una imagen de ti mismo negativa, porque después de un comportamiento en el que muestras ira no te sientes bien. Si gestionas bien la ira puedes obtener beneficios de ella. Es una emoción y, como tal, no va a desaparecer de ti de repente, así que lo mejor es hacer que te favorezca y no te perjudique.

Una *intención positiva* de la ira puede ser darte energía para llevar a cabo las actividades que más te cuesten. También, avisarte de que tus límites pueden estar siendo traspasados para ayudarte a que puedas defender tus derechos y opiniones, sin agresividad. Y te puede ayudar a resolver conflictos, porque al expresarla de forma adecuada tus sentimientos negativos se debilitan. La ira también te da información de situaciones que pueden ser injustas o ser una amenaza para ti, indicándote que pongas en marcha otras acciones que te lleven a una situación más beneficiosa.

Para que la ira no elija tus reacciones y te lleve a comportamientos automáticos no deseados que te van a perjudicar, puedes realizar el siguiente ejercicio que te va a permitir elegir el estado emocional que deseas sentir ante la ira y el comportamiento que quieres tener.

- *Ejercicio de seis pasos para gestionar la ira y cambiar tu reacción:*

    1. Aparece el enfado, sientes que va tomando fuerza y una parte de tu cuerpo se enciende. Además, puede que veas alguna imagen. Enfócate solo en tu enfado, en lo que pasa dentro de ti y no en lo que sucede fuera. ¿En qué parte de tu cuerpo sientes esa llama? ¿Qué sensación tienes en el cuerpo? ¿Qué imagen te viene a la mente? Da igual lo que haya provocado que se dispare el enfado o la ira, lo que importa es lo que pasa dentro de ti cuando aparece.

    2. Respira, pon tu foco en controlar tu respiración llevándola a un ritmo lento en el que sientes cómo entra el aire en tu

cuerpo, cómo ese aire recorre tus células y cómo sale llevándose esa ira. Esto te permitirá romper la respuesta automática que ibas a tener con la ira y pasar al siguiente paso.

3. Pregúntate: ¿cómo me quiero sentir en lugar de sentir esa ira? ¿Cómo quiero que sea mi respuesta y mi comportamiento? Por ejemplo, te dices: "En lugar de tener un estado con ira, quiero sentir un estado tranquilo o calmado o alegre".

4. Visualiza en tu mente ese estado con el que te quieres sentir: cierra los ojos. Piensa en ese estado que deseas. Puedes recurrir a una situación pasada en la que sintieras ese estado. ¿Qué ves? ¿Qué oyes? ¿Qué sientes? Fija todo en tu memoria: el estado que deseas, lo que ves, lo que oyes y lo que sientes.

5. Ponle nombre a ese estado que quieres sentir. Por ejemplo: "paz", "seguridad", "calma"… Y ahora asóciale un color. Une ese nombre y ese color al estado elegido con lo que has visto, oído y sentido para que queden relacionados, para que se anclen.

6. Con ese estado emocional que has elegido, vuelve al presente. En ese presente y con ese nuevo estado, elige tú cómo responder, elige el comportamiento.

Si practicas este ejercicio a diario, te entrenarás para responder como tú deseas ante una situación en la que te aparezca el enfado o la ira. Este entrenamiento lo debes realizar todos los días durante diez minutos. Para empezar, te generas por unos momentos un estado de ira y comienzas a realizar estos seis pasos hasta el final. Es un entrenamiento que sirve para preparar tu mente para que cuando te encuentres en una situación real puedas realizar de forma rápida y automática estos seis pasos. Llegará un momento en el que no tengas que recordar cómo hacerlos, saldrán sin pensar.

Este ejercicio te permite cortar una reacción automática con un comportamiento no elegido que te surge ante la ira. Y a partir de ahí, conseguir que tengas una respuesta que has elegido con los resultados que quieres obtener y que son beneficiosos para ti. La práctica repetida de este ejercicio te llevará a que cada vez lo hagas con más rapidez hasta que sea automático.

CAPÍTULO IV: ¿QUÉ DEPENDE DE NOSOTROS?

1. La Actitud

En la vida alternamos momentos extremos en los que pensamos que no tiene sentido seguir adelante con otros en los que tenemos plenitud, alegría y bienestar. Dependiendo de en qué momentos nos encontremos, así nos sentiremos, y en función de cómo los enfrentemos, así será nuestra vida. Tener que vivir con una enfermedad supone aprender a afrontar nuevos desafíos y es un proceso que puede resultar largo, que no se consigue de un día para otro, aunque cuando lo logramos podemos experimentar la dicha de la victoria. Superar nuestros límites tiene el premio de aumentar nuestro poder. Todos necesitamos nuestros tiempos y tenemos nuestro particular proceso para, al final, lograr vivir una vida satisfactoria más allá de la enfermedad.

Conocer tu enfermedad, tomar la responsabilidad de cuidarte y entender tu proceso emocional te ayudará a avanzar en tu camino hacia la aceptación y tu bienestar. Tener un papel activo con tu tratamiento, tu cuidado y gestionando tus emociones te ayudará a enfrentarte a las dificultades y pruebas que te puedes encontrar. Cuanto más sepas sobre ella y tu proceso, más sentirás que tomas las riendas de la situación, con más comodidad te sentirás ante tu tratamiento y la incertidumbre irá despareciendo para confiar en ti y en tus capacidades.

La manera de elegir la actitud tiene que ver con nuestro discurso mental por lo que es muy importante observar cómo nos hablamos. Con las palabras podemos activar zonas del cerebro que nos lleven a segregar sustancias químicas del placer (si son positivas) o del estrés (si son negativas). Y, además, las palabras que decimos y pensamos llegan tanto a nuestro cerebro consciente como al inconsciente con su mensaje, positivo o negativo. De esta forma las palabras ejercen un gran poder definiendo nuestros pensamientos, emociones y comportamientos.

Cuidar tu lenguaje y elegir palabras positivas, palabras que te empoderen, te ayuda a tener una actitud positiva ante la vida y, sobre todo, ante la adversidad. Te hace percibir el mundo de diferente manera.

La vida merece la pena cuando decides poner tu foco en su parte positiva y en los momentos que te dan paz, amor y felicidad. Y este puede ser el mayor reto al que te puedes enfrentar cuando vives con momentos de dolor y sufrimiento, y en los que tienes restricciones de las cosas que te gustan por padecer la enfermedad y llevar su tratamiento.

Todas estas dolorosas experiencias, tanto físicas como emocionales, que tienes que pasar a lo largo de tu enfermedad, también llevan su aprendizaje para hacerte crecer. Llega un momento en que te tienes que parar a reflexionar sobre ti, tu historia, tu forma de vivir y tus creencias: parar para adoptar la actitud de aprender de las adversidades y valorar lo positivo que te traen. En esta parada comienza tu proceso de transformación que te orienta a otra dimensión de tu ser, y te abre las puertas a un mundo diferente al que veías antes de la adversidad.

A veces se puede terminar harto de oír que tenemos que tener una actitud positiva, que debemos ser optimistas, y en medio de circunstancias críticas nos resistimos a creer que ese sufrimiento está ahí para algo bueno. Son momentos en los que las emociones desagradables nos secuestran y nos nublan la visión.

Si te sientes así, deja que esos momentos pasen, no te quedes en ellos. Piensa en realizar pequeñas acciones para sentirte mejor, sin pensar en el futuro, ni en el pasado, solo en el presente, en el aquí y en el ahora. Si tomas la responsabilidad de que tú eres quien puede hacer algo para estar mejor, te aparecerán soluciones para estarlo. No hace falta que sientas o pienses si lo que haces es con optimismo o positividad, solo enfócate en sentirte bien con lo que haces. Además, tomar la responsabilidad de tener una vida mejor dentro de tus circunstancias también aumenta tu confianza en la vida, en ti y en las oportunidades que se te brindan.

Hay un ejercicio que me ayuda mucho para tomar una actitud positiva en medio de la tempestad. Consiste en imaginar cómo quiero que sea mi vida. Visualizo la vida que deseo. La *visualización* es una potente herramienta en la que a través de la imaginación creas lo que deseas, lo creas porque no solo lo ves: también lo sientes. Cuando crees en algo que has creado en tu mente y lo sientes como si lo hubieses logrado, tu cerebro va encontrando las acciones necesarias para que llegues a ello. En el siguiente apartado te doy los pasos para realizar una visualización.

Busca la motivación que te lleve a realizar acciones hacia una actitud creadora y potenciadora. Tu motivación puede ser querer seguir formando parte de la vida de tus seres queridos y amarlos, acompañar y ayudar a otras personas que te necesitan y puede ser dar al mundo ese don que hay en ti para compartirlo con los demás. Si al principio no encuentras una motivación, hazlo sin la motivación, pero hazlo. Según vayas dando pasos hacia adelante la motivación irá apareciendo.

Poder seguir formando parte de la vida de mis tres hijos y saber que me necesitaban, asumir la responsabilidad de mi vida y mi responsabilidad como madre, ha sido una de mis grandes motivaciones para seguir hacia adelante a pesar de lo difícil que me resultaba. Y encontrar, en estos últimos años, la forma de compartir lo que hay en mi esencia para poder contribuir a que otras personas le encuentren sentido a su vida es la fuerza que me impulsa a continuar dando sentido a todo lo vivido.

Cultivar actitudes positivas te lleva a emociones agradables y te acerca a la felicidad. Los malos momentos se presentarán, pero si practicas para dejar que se vayan tus emociones desagradables, para que se debiliten tus miedos y para poner tu foco en tu bienestar, las acciones hacia las actitudes positivas te saldrán de forma automática.

Generar emociones agradables como el amor, la gratitud, el optimismo, el entusiasmo, la alegría y el agradecimiento te ayudarán a alimentar tu actitud positiva ante las circunstancias que te toquen afrontar.

Esta actitud positiva y las emociones agradables tienen como fin ayudarte a vivir con una enfermedad que, aunque te puede hacer pasar muy malos ratos, también puede llevarte a ayudar a otros, como puede ser a tu familia, amistades y personas cercanas a trasmitirles una nueva forma de vivir siendo un ejemplo de cómo enfrentarse a la adversidad. Con tu actitud eliges cómo caminar por tu vida.

2. EL PODER DE LA VISUALIZACIÓN

"Sueña despierto con tu propósito."

La visualización se ha producido a lo largo de los tiempos en las mentes más creativas. Cualquier invento, cualquier avance en la ciencia, en la sociedad o en las personas ha estado primero en la mente de alguien, y ha sido un resultado de su imaginación. Imaginarlo y desearlo lleva a la acción y a la forma en que se puede conseguir.

La visualización es una representación mental en la que construyes una realidad imaginada, subjetiva. Cuando realizas una visualización usas tu imaginación para conseguir ver y sentir aquello que quieres lograr. El cerebro la percibe y crea rutas neuronales para programar tu conducta de manera que realices las acciones que te lleven a obtener lo que quieres. El objetivo de la visualización es desbloquearte para que experimentes pensamientos y emociones como si hubieses conseguido esa realidad que deseas y situarte en la acción.

Al visualizar utilizas el poder de la mente a tu favor. La visualización la puedes usar tanto para lograr un objetivo personal como laboral. Y respecto a las emociones, la visualización la puedes usar para lograr cambiar una emoción desagradable por una agradable como, por ejemplo, tristeza por alegría o calma o paz. En la próxima página te indico cómo realizar una visualización.

- *Ejercicio de visualización:*

1. Busca un lugar tranquilo, con un ambiente relajante, poco ruido o ninguno y una luz suave. Además, coge un asiento cómodo. Es necesario que mantengas una actitud receptiva y abierta.

2. Siéntate con la espalda apoyada en el respaldo, los pies apoyados en el suelo y las manos en las rodillas. Ponte cómodo y cierra los ojos.

3. Pon tu atención en tu respiración. Inspira y espira tranquila y profundamente tres veces.

4. Comienza a relajar tu cuerpo poco a poco. Puedes empezar por la cabeza o por los pies pasando despacio por cada parte de tu cuerpo y bajando la tensión que sientes en esa parte por la que pasas. Tu cuerpo se va destensando y aligerando hasta conseguir que esté relajado.

5. Empieza a imaginar que ha pasado el tiempo, un año, por ejemplo, y ya has alcanzado la meta que quieres. Observa qué ves en ese momento en que ya lo has conseguido, qué escuchas y qué sientes con todo lo que has logrado. Imagina cada detalle, los colores y las formas. Te escuchas, te sientes y observas sobre todo las sensaciones interiores que tienes al haber alcanzado tu meta. Vas viendo cómo transcurre ese día. Observas tus emociones y los pensamientos que tienes con esas emociones.

6. Y ahora que ya has estado en el futuro con tu meta lograda vuelves despacio al presente. Vas sintiendo tu cuerpo poco a poco, vas sintiendo tus pies, tus rodillas, piernas, manos, brazos… Cuando estés preparado, abres los ojos de forma suave y sigues respirando tranquilamente.

Estás en el presente y ya has estado donde quieres llegar. Ahora recuerda qué es lo que has visto, sentido y escuchado en el trascurso de ese día con tu meta conseguida. Y pregúntate: ¿merece la pena andar el camino necesario para lograrla?

3. LAS CREENCIAS

Las creencias son ideas que consideramos verdaderas y ciertas, aunque no exista un fundamento racional o una evidencia empírica que las demuestren. Son valoraciones personales que desarrollamos a partir de nuestra educación, nuestras propias convicciones, nuestros valores, nuestro entorno social y familiar y nuestras propias experiencias.

Una creencia es una *verdad subjetiva,* una convicción, algo que consideramos cierto, y que no tenemos que confundir con la *verdad objetiva,* basada en el conocimiento. Todas las creencias que tenemos constituyen lo que se denomina *sistema de creencias.* Nuestros criterios de valoración, cómo juzgamos o cómo valoramos lo que nos rodea, están condicionados por nuestro sistema de creencias.

Las creencias tienen un componente psicológico y una conexión emocional en nosotros y la idea en la que creemos nos lleva a interpretar de una manera determinada lo que nos sucede. Desde nuestro sistema de creencias interpretamos lo que vemos, oímos y sentimos, actuando a partir de esa interpretación.

Así, las creencias son una información inconsciente que está en nuestro subconsciente y que nos pueden llevar a comportamientos no deseados. Estos comportamientos que tenemos condicionados por nuestras creencias dan lugar a una respuesta en los demás. Por tanto, nuestras creencias condicionan nuestro comportamiento y también la respuesta de los demás, y con ello nuestra forma de vivir.

Además, las creencias son resistentes a los intentos de cambiarlas o contradecirlas, aunque sean perjudiciales para nosotros. Lo bueno es que sí es posible cambiar estas creencias limitantes, que nos perjudican, por creencias potenciadoras, que nos ayudan a avanzar en nuestro crecimiento personal.

3.1. Creencias limitantes y creencias potenciadoras

No existen creencias buenas o malas, positivas o negativas. Existen creencias que te ayudan a adaptarte a las circunstancias de tu día a día sin dañarte ni dañar a otros. Y existen creencias que no te permiten ese avance y te generan conflictos en tu interior y con otras personas llevándote a una falta de adaptación.

Las creencias las vas estableciendo en ti desde tu infancia a partir de todo lo que te llega de tus padres, profesores y entorno. Y también vas adquiriendo creencias como consecuencia de tus experiencias y conocimientos. Al final construyes un sistema de creencias en el que hay tanto creencias adaptativas y potenciadoras como desadaptativas y limitadoras.

Las adaptativas y potenciadoras te ayudan a desarrollarte, a tener una autoestima saludable, vivir sin sufrimiento, tener objetivos y luchar por ellos. Con todo ello te traen confianza en tus capacidades. Y de esta manera te dan seguridad para tomar decisiones y tener iniciativas para pasar a la acción. Te hacen avanzar a pesar de las adversidades que se te crucen en tu camino.

Otras creencias son desadaptativas y limitantes y te generan conflictos internos y externos. Son creencias que te bloquean y te alejan de tus objetivos y del bienestar en tu vida. Y te impiden tener todos los beneficios de las creencias potenciadoras.

Estas creencias limitantes pueden tomar el mando a la hora de enfrentarte a una enfermedad, te pueden llevar a limitaciones en tus pensamientos, en la gestión de tus emociones y en tus comportamientos. Todo el torbellino de emociones que sientes con la enfermedad se ve bombardeado por tus creencias. Y a esto se une la lucha por adaptarte a la nueva vida.

El hecho de que te sientas diferente a las personas que no tienen una enfermedad, que te etiquetes como *persona enferma* o que creas que ya no encajas en la sociedad como el resto del mundo son creencias limitantes que invaden la mente, que dañan y que llevan a emociones desagradables.

A lo largo de la vida se van modificando las creencias, convicciones y valores, por lo que puedes realizar un trabajo a conciencia para modificar lo que ya no te vale y optar por lo que te potencia.

Por ello, en esta parte de tu desarrollo personal, es muy importante descubrir tus creencias limitantes y poder cambiarlas por creencias potenciadoras. Es una transformación que requiere una atención y un esfuerzo, pero la recompensa de cambiar tu vida a mejor lo merece.

El poder que tienen las creencias en tu vida es enorme, no des este poder a las creencias que te frenan, úsalo con creencias que te impulsan, creencias que te van a llevar a crear otra realidad mucho más beneficiosa y a lograr una vida con bienestar y equilibrio.

Somos lo que pensamos y lo que creemos. Y nuestros comportamientos están basados en nuestras creencias. Si nuestras creencias nos empoderan y nos mejoran como personas lograremos avanzar hacia nuestras metas y sueños de una forma saludable y cómoda. Si nuestras creencias nos bloquean y limitan ese camino hacia la vida que deseamos será muy duro, lleno de piedras y sufrimiento que nos impedirán avanzar y disfrutar del camino.

El poder de las creencias junto con el poder de las palabras se une al poder de nuestros pensamientos. Creamos afirmaciones en nuestra mente con una energía muy poderosa que podemos elegir usar a nuestro favor o en nuestra contra. Por ello, es muy importante detectar qué tipo de creencias tenemos poniendo atención a lo que pensamos y nos decimos.

Si escuchas tus palabras en tu mente y en tu lenguaje encontrarás las creencias limitantes o potenciadoras con las que creas tu realidad.

3.2. Creencias limitantes que puedes detectar

- ¡Qué torpe soy!

- No lo tengo porque no me lo merezco.

- No merezco que nadie me quiera.

- No lo puedo hacer.

- No valgo para...

- Ya soy mayor para hacer...

- No creo que lo consiga...

- Si no lo consigo, pensarán que he fracasado.

- Si fracaso, no me valorarán.

- El dinero corrompe.

- Soy una persona con mala suerte.

- No puedo vivir sin ti.

- Seguro que me sale mal.

- Si me expongo me van a juzgar o me van a rechazar.

- Yo soy así, no puedo cambiar.

- Estoy enfermo y ya no sirvo para nada.

Estas son algunas de las creencias que pueden condicionar tus logros y éxitos, y que te llevan a no creer en ti y en tu poder. Cada vez que detectes una de estas creencias u otras similares piensa que no es una creencia cierta y que la puedes cambiar por una creencia contraria potenciadora.

3.3. *Creencias potenciadoras que te van a ayudar*

El poder cambiar tus creencias, tus convicciones y valores adaptándote a las circunstancias del momento en el que vives te permite realizar un trabajo a conciencia para modificar las creencias limitantes y poder optar por creencias potenciadoras. Algunas creencias potenciadoras que te puedes decir para llevar a cabo este cambio pueden ser las siguientes:

- Yo puedo conseguir lo que me he propuesto.

- Cada situación que me ofrece la vida es para aprender y crecer.

- En la adversidad hay siempre cosas positivas que puedo ver y me van a ayudar.

- Yo valgo.

- Confío en mí y en mis capacidades.

- Puedo superar las adversidades que me puedan suceder.

- Cuidarme me ayuda a vivir mejor.

- Me quiero y haré lo mejor para mí.

- La vida es maravillosa y tiene muchas cosas bellas, solo tengo que fijarme en ellas.

- Soy capaz de conseguir mis objetivos.

Existen muchas más, cuando identifiques una creencia que te frena dale la vuelta convirtiéndola en una creencia que te potencia y repítela muchas veces aunque en ese momento no te la creas. Con el tiempo se habrá convertido en una creencia potenciadora cierta que te llevará a un comportamiento beneficioso que te hará avanzar.

Toma conciencia de tus creencias y responsabilízate de ellas trabajándolas para crear la realidad en la que deseas vivir. Lograr cambiar las creencias que no te sirven te ayuda en el camino de tu transformación hacia la vida que quieres tener, sobre todo si crees que por tu enfermedad tienes que renunciar a cumplir sueños.

No conocer mis creencias limitantes en el proceso con mi enfermedad me produjo más creencias limitantes inconscientes. Yo avanzaba hacia mis sueños en un camino lleno de obstáculos que saltaba o bordeaba con gran esfuerzo, sin embargo, no los eliminaba. No me paraba a buscar la manera de no volver a encontrarlos y seguían apareciendo por lo que cada vez necesitaba más esfuerzo para avanzar y me iba quemando en el camino. Sí que tenía mi fuerza aunque todo tiene un límite y cada vez me acercaba más a él.

Cuando supe que tenemos creencias que nos frenan en nuestro desarrollo y comencé a descubrir las mías entendí que parte de mí se había quedado en el camino. Comprendí que podía seguir de una forma más cómoda, más beneficiosa para mí y que podía elegir no tener que realizar ningún sobreesfuerzo. Trabajar en mi desarrollo personal para lograr una mejor versión de mí requirió esfuerzo, pero es mucho mayor el esfuerzo de nadar contra corriente sin parar, sin conocerme para cambiar lo que me llevaba al sufrimiento. Ese sufrimiento que casi hace que tirase la toalla.

Cuando me zambullí en mi proceso de crecimiento personal en el que identifiqué y transformé muchas de mis creencias limitantes mi camino se hizo más cómodo y fui avanzando rompiendo mis bloqueos. Y como el desarrollo personal es para siempre, sigue apareciendo de vez en cuando alguna que otra creencia limitante a la que me debo enfrentar.

* *Ejercicio de cambio de creencias:*

Para poder cambiar creencias limitantes por creencias potenciadoras te ayudarán los siguientes pasos:

1. Piensa en un comportamiento que tienes que no es deseado por ti. Ese comportamiento que te lleva a sentirte mal, al conflicto o a no actuar.

2. Detecta qué creencia limitante hay detrás de ese comportamiento. Detecta las creencias que te llevan a comportamientos que te hacen sentir mal, a no pasar a la acción o a no tomar una decisión con las siguientes preguntas:

   - ¿Qué es lo que piensas cuando no logras hacer algo que te gustaría hacer?
   - ¿Qué te dices sobre ti y sobre lós demás?
   - ¿Qué es lo que piensas antes de tener ese comportamiento?
   - ¿Por qué tienes ese comportamiento?
   - ¿Para qué tienes ese comportamiento?

   Escribe las respuestas para ayudarte a realizar el ejercicio.

3. Cuando tienes esa creencia:

   - ¿Qué emociones sientes?
   - Esas emociones que tienes, ¿a qué comportamiento te llevan?

4. Confronta esa creencia limitante:

   - ¿Es verdad esa creencia?
   - ¿En qué se basa?
   - ¿Quién la dice?
   - ¿Qué otras creencias son contrarias a esa?

5. Reflexiona sobre eso que te dices en tu interior, sobre lo que hay detrás de esa creencia limitante:

   - ¿Desde cuándo la tienes?
   - ¿Cuándo aparece?
   - ¿Para qué aparece?
   - ¿Con qué intención positiva aparece esa creencia?
   - ¿Qué otro comportamiento puedes tener que te haga sentir bien y que tenga la misma intención positiva?

6. Busca una creencia potenciadora, una creencia contraria a esa creencia limitante que la pueda sustituir. Esta creencia potenciadora:

   - ¿Cómo empeora tu vida?
   - ¿Cómo la mejora?

7. Integra esa creencia en tu vida. Repite esta nueva creencia varias veces al día. Ponte tres o cuatro alarmas a lo largo del día para recordarte que te tienes que repetir en voz alta la creencia potenciadora. También puedes escribirla en varios papeles y ponerla por varias zonas de la casa a la vista.

8. Busca pensamientos y hechos que fortalezcan esa creencia potenciadora.

   - En el pasado, ¿qué situación viviste en la que tuviste una creencia potenciadora similar que te llevó a un comportamiento beneficioso para ti?
   - Encuentra pensamientos que apoyan esa creencia.
   - Siente las emociones que te va haciendo tener esa creencia cuando te la repites.

9. Visualiza cómo te sentirás cuando esa creencia potenciadora sea parte de tu día a día y qué decisiones y acciones puedes llevar a cabo teniendo esa creencia.

10. Cada vez que aparezca la creencia limitante cámbiala por esta nueva creencia potenciadora que has estado repitiendo. Llegará un momento en el que la limitante ya no tenga fuerza ni poder sobre ti, y la potenciadora aparecerá de forma automática. Recuerda que habrás creado nuevas rutas neuronales con la nueva creencia y cada vez que la repitas, la pienses y la sientas la irás fortaleciendo.

11. Cuando hayas transformado una creencia limitante en potenciadora pasa a trabajar con la siguiente identificando primero el comportamiento que no es bueno para ti y quieres cambiar.

4. LOS VALORES

*"La vida que deseas se va construyendo
con valores que le dan sentido."*

Los valores son creencias particulares y personales en relación con lo que nos parece importante en nuestra vida. Es un sistema de creencias de lo que consideramos justo o injusto, bueno o malo, de lo que es fundamental para nosotros.

Son otra parte de nuestro interior que debemos conocer porque los valores nos van a guiar en nuestras decisiones y comportamientos. Todos tenemos valores y si no vivimos en coherencia con ellos, nos llevarán al conflicto.

Los valores por sí solos no son ni buenos ni malos, son lo que cada uno definimos en esos valores. Lo que para unas personas puede ser óptimo para otras puede no serlo. Tampoco son los mismos para siempre, van cambiando a lo largo de nuestra vida según nuestras circunstancias y según sean beneficiosos para nosotros en cada momento. De esta forma, un valor nos ha podido servir durante un periodo de nuestra vida y llega un punto en que hay que revisarlo y ajustarlo por cambios en las circunstancias vividas. Hay que reflexionar si nos sigue siendo útil o no, y si hay que sustituirlo por otro.

Estar en coherencia con lo que piensas, sientes y haces te lleva a vivir en armonía y tus valores tienen que estar en concordancia con quién quieres ser. Es fundamental que identifiques tus valores y compruebes qué hay dentro de cada uno para ti, si te sirven en esta etapa de tu vida y si estás siendo coherente con ellos, con tus comportamientos. Cuando no hay coherencia en tu vida con tus valores se presentan conflictos internos que te desequilibran.

Si en tu proceso de crecimiento tu objetivo está conectado con tus valores, tomarás acción desde ellos dando pasos más firmes y seguros. Fluyendo en cada avance y disfrutando de él.

Vivir con una enfermedad te puede llevar a que los valores que tenías en tu vida antes de tenerla ya no te sean beneficiosos ni de utilidad con la enfermedad. La vida te ha cambiado, aunque sea solo en alguna parte, y es primordial revisar cuáles han sido tus valores hasta que la enfermedad apareció y si te siguen siendo útiles en las nuevas circunstancias. Si alguno de ellos ya no lo es, debes sustituirlo por otro valor que sí vaya a servirte a partir de ahora. Una vez definidos tus valores en la situación actual, te toca observar qué comportamientos estás teniendo y si están en coherencia con esos valores.

Algunos de los valores que pueden ser importantes son los que te muestro en el siguiente listado:

Grupo 1	Grupo 2	Grupo 3
Cariño	Honor	Perseverancia
Creatividad	Tradiciones	Éxito
Autoestima	Apoyo	Determinación
Mente abierta	Armonía	Seguridad
Calma	Familia	Simplificar
Autocontrol	Respeto	Influencia
Empatía	Cooperación	Flexibilidad
Paciencia	Generosidad	Austeridad
Salud	Lealtad	Organización
Bienestar	Igualdad	Comunicación
Libertad	Transparencia	Pragmatismo
Optimismo	Amistad	Puntualidad

Privacidad	Integridad	Liderazgo
Iniciativa	Justicia	Planificación
Alegría	Respeto a la naturaleza	Tener dinero
Felicidad	Perdón	Trabajo
Innovación	Equidad	Contribución
Diversión	Amor	Orden
Compasión	Fidelidad	Reconocimiento
Comprensión	Modales	Conocimientos

Hay valores que nos ayudan a canalizar la incertidumbre que nos crea la enfermedad y a transformarla en una fuerza que nos impulsa a la acción. Los valores que ahora te son útiles, te ayudarán a reinventarte con dignidad, seguridad y amor. No honrar tus valores principales e irrenunciables es un obstáculo a la hora de conseguir tus objetivos.

Mi trabajo con los valores supuso un gran avance en mi desarrollo personal. Te puedo asegurar que si este trabajo lo hubiese realizado en mi proceso con la enfermedad, muchas cosas hubiesen sido distintas porque me hubiese conocido mucho más, hubiese sabido qué valores ya no me servían y cuáles no estaban alineados en esos momentos, motivo por el que me llevaban a un conflicto interior. Para que puedas revisar tus valores y trabajar con ellos te servirá este ejercicio que te explico a continuación.

- *Ejercicio para revisar y trabajar tus valores:*

Para trabajar los valores puedes fijarte en la tabla anterior. Cuando vas eligiendo los valores que son importantes para ti te puede salir una lista bastante larga. Todos ellos son válidos para trabajar aunque no se puede hacer con todos a la vez por lo que vamos a poner un límite. Los pasos a seguir son los siguientes:

1. Elige los seis valores más importantes para ti de cada columna y elabora tu lista con 18 valores. Elige los valores que son irrenunciables en tu vida; aquellos que son tan

importantes que tienen que estar presentes en tus relaciones, en tu trabajo, en lo que haces, en lo que decides... Anótalos por grupos, tal como está dividida la tabla en las tres columnas para que te sea más fácil.

2. De esos 18 valores, selecciona los seis valores prioritarios que tienen que estar en tu día a día.

3. Ordena esos seis valores fundamentales para ti por orden de prioridad, dando el número 1 al valor más importante.

4. Escribe el valor y al lado la razón por la que lo has elegido en ese orden. El motivo por el que es tan importante para ti. Al lado ese meotivo puntúa del 1 al 5 cómo es tu satisfacción en tu vida con ese valor. Puntúa cómo tus comportamientos son coherentes con ese valor, cómo lo honras. Haz lo mismo con cada uno de los seis valores.

5. Observa cada valor y su puntuación. Te da información sobre la coherencia que tienes en tu vida, si estás actuando de forma alineada a tus valores fundamentales. Los valores con puntuación máxima están en coherencia con tus acciones, están alineados, por lo que te aportan satisfacción. Y los que no tienen una puntuación máxima te pueden llevar al conflicto y con ellos tienes que trabajar y establecer un plan de acción.

6. Elige el valor, con puntuación menor a cinco, con el que quieres empezar a trabajar para llevarlo al nivel máximo de satisfacción, al nivel cinco.

7. ¿Qué acciones puedes realizar para sentir que cumples ese valor? ¿Qué comportamientos puedes tener alineados con él? Empieza dando pequeños pasos, poniendo en marcha pequeñas acciones que estén a tu alcance. Elabora un plan de acción para trabajar ese valor y pon fecha para realizar cada acción. Las acciones deben ser comportamientos concretos que puedas llevar a cabo, no deben ser solo deseos sin especificar. Para ello:

- Piensa en qué opciones específicas tienes para ese valor, qué puedes hacer. Si te cuesta, enfócate en un primer paso por pequeño que sea.
- Si tienes varias opciones, ¿por cuál quieres empezar?
- ¿Qué vas a hacer?
- ¿Cómo lo vas a hacer?
- ¿Necesitas ayuda de alguien para realizarla?
- Pon fecha para iniciar esa acción.
- ¿Cuándo sabrás que esa acción ha dado el resultado que esperas?
- Del 1 al 10, ¿qué grado de compromiso tienes para llevar a cabo esta acción?
- Si no llegas a un 9 ó 10, ¿qué necesitas para llegar al 10?
- Haz la acción en la fecha que has elegido.

Estos pasos los repites con cada una de las opciones que hayas elegido para ese valor.

Una vez hayas terminado con el primer valor que elegiste, con puntuación menor a cinco, coges el siguiente valor y realizas todos los pasos anteriores. Esto lo repites hasta que tus seis valores elegidos tengan una puntuación máxima de cinco. Es primordial que trabajes a conciencia los seis primeros valores de tu lista.

Cuando hayas acabado esta primera lista de seis valores, puedes ir a la lista de tus 18 valores para seguir trabajando los seis siguientes. De los doce que quedan elige otros seis y repite con ellos todos los pasos del ejercicio. Cuando termines puedes hacer el mismo proceso con los seis últimos valores.

Los valores hay que revisarlos cada cierto tiempo para ver si seguimos honrándolos con nuestros comportamientos o para ver también si alguno de estos valores fundamentales de nuestra vida ha podido cambiar.

5. GESTIONAR NUESTRAS EMOCIONES

"Todas las emociones nos traen un mensaje para nuestro aprendizaje y desarrollo, escúchalas."

Hasta este punto del libro te he mencionado varias veces la importancia de saber gestionar nuestras emociones y te he dado algunas pistas de en qué consiste esta gestión. En este apartado te explico a fondo qué son las emociones y cómo gestionarlas para que tú decidas cómo quieres vivir y no decidan las emociones por ti.

Las emociones preparan al cuerpo para dar una respuesta ante una situación. Son reacciones psíquicas y fisiológicas que experimentamos todos los días de forma consciente e inconsciente. Se generan dentro de nuestra mente como respuesta a un suceso externo a nosotros o interno, y nos llevan a determinados comportamientos. Tienen una duración de segundos o de pocos minutos, con una elevada intensidad.

Tenemos tres necesidades básicas en la vida: la seguridad, la libertad y el amor que debemos tener cubiertas para que en nuestra vida haya equilibrio y bienestar.

Y tenemos siete emociones básicas universales. Son universales porque todos tenemos las mismas en cualquier lugar del mundo. Estas emociones básicas son la sorpresa, la ira, el miedo, el asco, el desprecio, la tristeza y la alegría. Algunos autores no incluyen el desprecio como emoción básica y consideran que son seis. Yo la incluyo basándome en los estudios de Paul Ekman sobre las emociones. Paul Ekman es un psicólogo norteamericano experto en el estudio de las emociones y considerado uno de los cien psicólogos más destacados del siglo XX.

Estas emociones básicas nos pueden surgir ante situaciones reales o ante nuestros pensamientos. Como ya te he comentado, el cerebro vive los pensamientos como si fueran reales. El pensamiento da lugar a una emoción y la emoción a una conducta. Y se produce un ciclo pensamiento–emoción–pensamiento, que lleva a determinados comportamientos.

Cuando sentimos las emociones, tenemos una triple respuesta: fisiológica, cognitiva y conductual. Sus características son las siguientes:

- La respuesta fisiológica es la respuesta que sentimos en nuestro cuerpo, donde se localiza la emoción que sentimos.

- La respuesta cognitiva hace referencia a nuestros pensamientos, a lo que nos hace pensar esa emoción.

- La respuesta conductual se constituye por un conjunto de comportamientos que tenemos como consecuencia de esas emociones.

Esta triple respuesta se relaciona con las funciones que tienen las emociones. Las emociones son funcionales y adaptativas, facilitan la adaptación al entorno y la comunicación de los estados afectivos. Las tres funciones de las emociones son las siguientes:

- *Adaptativa:* a lo largo de la evolución del ser humano nos han permitido responder a los estímulos de peligro para garantizar la supervivencia.

- *Social:* nos permiten comunicar estados afectivos.

- *Motivacional:* se encargan de dar lugar a una conducta con carga emocional que responde a cada experiencia.

Las emociones se comunican a través del rostro, la voz y la expresión corporal. A través de las expresiones faciales podemos reconocer sentimientos, intenciones y características personales. El cerebro emocional, en concreto la amígdala cerebral, evalúa la expresión de otra persona y el grado de confianza que nos transmite de forma automática. Y actúa conforme a esa evaluación, sin una reflexión racional, para protegernos de lo que puede percibir como un peligro, aunque a veces no lo sea.

Debemos tener en cuenta que todas las emociones son necesarias y que no hay emociones buenas o malas. Se diferencian entre *emociones agradables* o *desagradables*. Es fundamental no juzgar lo que sentimos. Cualquier emoción desagradable surge de una necesidad no resuelta así que tenemos que ver de qué necesidad surge esa emoción. Cuando aparece una emoción hay que observar, sin personalizar, qué hay detrás de ella y qué necesidad básica necesitamos cubrir: amor, libertad o seguridad. Y ver cómo esas emociones nos llevan a actuar. Estas emociones desagradables son una alarma que salta, un aviso de que tenemos que hacer algo al respecto. Nos traen un mensaje para aprender a tomar acción ante algo que necesitamos.

Las emociones desagradables ponen nuestra atención en lo que nos preocupa y en lo que nos hace sentir malestar. Y las emociones agradables llevan nuestra atención hacia lo que nos causa placer y nos llevan a realizar acciones que nos gustan.

Todas las emociones, tanto las agradables como las desagradables, nos traen una información muy valiosa por lo que es esencial darse cuenta de cuál es esa información.

Cuando tenemos un impacto emocional muy intenso, como sucede ante el tsunami por la llegada a nuestras vidas de una enfermedad que se va a quedar, se produce un exceso de actividad cerebral. Se segregan hormonas del estrés, glucocorticoides y adrenalina, que llevan a reacciones bioquímicas y respuestas fisiológicas en nuestro organismo como causa de ese estrés. Si este estado emocional perjudicial se mantiene durante un tiempo prolongado puede causar efectos negativos para nuestra salud llegando a dañar el sistema cardiovascular, el inmunológico y la memoria.

Cuando aparece la emoción desagradable nuestro cuerpo solo tarda noventa segundos en procesar esas sustancias químicas del estrés y en recuperarse a su estado de equilibrio. Si no paras esa emoción en ese tiempo, porque sigues teniendo los pensamientos negativos, tu cuerpo repite el proceso y vuelve a liberar hormonas del estrés y entras en el bucle de pensamientos negativos reforzado por estas sustancias químicas sin permitir que el cuerpo vuelva a su equilibrio.

Para evitar los daños que pueden darse por este bucle es fundamental que aprendas a gestionar tus emociones de manera que pares la liberación de esas sustancias y permitas que el organismo vuelva a tener niveles fisiológicos normales, vuelva a su equilibrio, a su homeostasis.

Y para tu proceso de gestión con tus emociones es necesario que hayas identificado tus creencias limitantes para cambiar tu sistema en lo que haya hecho falta. Y además hayas revisado tus valores para quedarte con los que te ayudan. Todo ello te llevará a la transformación de tu estado emocional no deseado al estado emocional que deseas. Este trabajo te ayuda a conseguir pasar de un sistema emocional de creencias reactivo, en el que las emociones van por libre sin control dando lugar a comportamientos no deseados, a un sistema emocional proactivo en el que gestionas las emociones y eliges como actuar al respecto.

Una vez que has trabajado tus creencias y valores, para iniciar esta gestión de las emociones, lo primero es que recuerdes que las emociones son necesarias para nuestra supervivencia y nuestro bienestar. Y todas las emociones, como he mencionado, tanto las agradables como las desagradables, nos traen una valiosa información. Esta información puede ser sobre nuestro estado emocional interior sobre cómo percibimos lo que nos sucede, cómo lo interpretamos, cómo lo vivimos y cómo nos afecta.

La emoción salta ante un suceso que hace que en tu mente aparezca un recuerdo y una sensación. Si el suceso es desagradable, cuando salta la emoción se empieza a manifestar en tu cuerpo con malestar, dolor o incomodidad y, a continuación, tienes un comportamiento como consecuencia de esa emoción. Para que ese comportamiento sea una respuesta elegida por ti y no una reacción automática, puedes manejar la emoción que aparece; aquí tienes un ejercicio que te ayudará a gestionar tus emociones.

- *Ejercicio para manejar tus emociones:*

  1. Cuando la emoción salta, reconoce la señal que se produce en tu cuerpo y dónde se manifiesta. Es el primer paso para poder controlarla.

  2. En este punto paras, respiras y observas: ¿cómo te sientes?, ¿por qué motivo ha aparecido la emoción?, ¿para qué está ahí?, ¿cómo se llama la emoción que sientes? Cuando sepas las respuestas, tendrás acceso al mensaje que te trae. Escucha ese mensaje.

  3. Una vez que te has dado cuenta de la información que trae la emoción, reflexiona sobre la necesidad que no tienes cubierta y que está detonando esa emoción.

  4. Piensa en las opciones que tienes para actuar, opciones que depende de ti y que te ayudan a conseguir cubrir esa necesidad.

  5. Ya cumplida la función de la emoción, que era darte ese mensaje, la sueltas y dejas que se vaya. Dale las gracias por su información y despídela. Si se queda demasiado tiempo en ti se enquista y dejará de ser una emoción para pasar a ser una obsesión, para ser pensamientos en bucle con emociones bloqueadas que no te dejarán avanzar.

A continuación describo algunas emociones y parte de la información que te pueden traer:

- *Enfado:* nos informa de que nuestros límites han sido sobrepasados o que no nos están dando lo que queremos o necesitamos.

- *Tristeza:* se produce cuando hemos perdido algo importante o nuestra necesidad de afecto y amor no está siendo atendida.

- *Miedo:* surge cuando percibimos que estamos en peligro o no estamos seguros.

- *Sorpresa:* se nos presenta con algo nuevo y que pudiera merecer la pena investigar.

- *Asco:* hay algo que es malo o desagradable para nosotros.

- *Alegría:* hemos obtenido algo beneficioso para nosotros o hemos alcanzado nuestro objetivo o meta.

- *Desprecio:* adquirimos una actitud de arrogancia y superioridad con la que juzgamos a otra persona a la que creemos inferior.

- *Vergüenza:* percibimos que nos hemos expuesto en exceso.

Ahora ya sabes que estas emociones las puedes manejar y lo primero que debes hacer es identificarlas, reconocer que están en ti, aceptarlas y escuchar lo que te quieren decir. Después, usa su información para determinar qué pasos puedes dar para conseguir mejorar tu estado emocional.

Tus emociones te guían hacia cómo puedes resolver tus conflictos internos y externos. Cuando entiendes esto se convierten en grandes aliadas de tu crecimiento como persona.

En resumen, el proceso emocional se inicia con un pensamiento ante un suceso o recuerdo que da lugar a una emoción y esta emoción a una conducta. Entonces, si el pensamiento es negativo te generará una emoción desagradable que te llevará a una determinada conducta que puede ser no deseada. Este comportamiento o conducta suele ser una reacción automática basada en tus experiencias y aprendizajes. En general, es un comportamiento no deseado que te lleva al conflicto y a sentirte mal después. La gestión de tus emociones te ayuda a que esa reacción automática no deseada se convierta en una respuesta elegida por ti. Así, puedes elegir responder con un comportamiento que te lleve a sentirte bien después.

Si no gestionas esas emociones desagradables, el proceso se convierte en un ciclo pensamiento negativo —emoción desagradable— comportamiento no deseado —pensamiento negativo que te lleva a la repetirlo una y otra vez—. Esto se puede convertir en tu enemigo a la hora de aceptar y adaptarte a tu enfermedad y a cualquier adversidad que se te presente.

Las emociones desagradables las puedes cambiar, porque las creas en tu mente y, por lo tanto, eres tú quien les puede quitar el poder que tienen debilitándolas hasta que desparezcan.

Por otra parte, puede sucederte que desees algo y no lo obtengas por lo que tus expectativas no se cumplan y te sientas una persona desdichada con emociones desagradables. Lo que ha sucedido en tu mente es que consideras ese deseo como una necesidad básica en tu vida y al no conseguirlo sientes que te falta algo para vivir. Cuando te pase esta situación es importante que pongas toda tu atención en si eso que consideras que te ha faltado era de verdad una necesidad básica, una prioridad para continuar con tu vida.

Si consigues adaptar tus prioridades a tus posibilidades y cambiar tus pensamientos negativos por pensamientos positivos, tus emociones también cambiarán hacia emociones agradables. Y al sentir emociones agradables tus pensamientos serán positivos y al tener pensamientos positivos aumentarán tus emociones agradables.

Ante una situación dolorosa, como es una enfermedad crónica, y ante cualquier adversidad, te surgen pensamientos, emociones y comportamientos que pueden escapar a tu control. Tomar conciencia de ello es un paso para poder avanzar en tu gestión emocional e iniciar el cambio en tu vida con el fin de sacar el mayor beneficio a las experiencias que te tocan vivir.

Las crisis y las adversidades son experiencias que ofrecen oportunidades, que te dan un aprendizaje para que lo interiorices e integres en tu vida diaria. Al gestionar tus emociones consigues convertir ese aprendizaje en sabiduría.

Ejercitar tu poder emocional es clave para conseguir tus objetivos porque cualquier cambio en tu vida llevará implícito una emoción. Recuerda: la emoción te ayuda a conectar con una necesidad que tienes y debes sentir esa emoción y no esconderla para descubrir cuál es esa necesidad.

Detrás de cada emoción, agradable o desagradable, hay algo positivo que te quiere dar esa emoción, te avisa de algo de tu interior. Hay una intención positiva, aunque la emoción sea desagradable. Algunas emociones que puedes reconocer o identificar en ti son:

Tristeza	Miedo	Sorpresa	Asco
Alegría	Ira	Desprecio	Vergüenza
Calma	Seguridad	Culpa	Confianza
Tranquilidad	Decepción	Orgullo	Placer
Paz	Melancolía	Satisfacción	Complacencia
Amor	Alevosía	Tedio	Compasión
Confianza	Disgusto	Enfado	Afecto
Gratitud	Esperanza	Generosidad	Libertad
Aversión	Anticipación	Remordimiento	Optimismo
Odio	Pena	Furia	Serenidad
Éxtasis	Aprobación	Temor	Admiración
Sumisión	Terror	Asombro	Distracción

Para realizar una buena gestión de tus emociones es importante que te pares, que observes cómo te sientes y que le pongas nombre a esa emoción. Puedes preguntarte:

- ¿Qué siento?

- ¿Cuándo lo siento?

- ¿Dónde lo siento?

- ¿Cómo lo siento?

- ¿Qué información me trae esta emoción?

- ¿En quién me convierto con esta emoción?

- ¿En quién quiero convertirme?

- ¿Qué necesito para ser quien quiero ser?

Una emoción desagradable busca ayudarte. Cuando identificas la intención positiva que entraña, consigues entender la función que desempeña y el pensamiento de base que la origina. Cuando conoces qué pensamiento la detona, le puedes dar la vuelta, crear otro pensamiento que cubra esa misma intención positiva, pero que te genere una emoción más agradable y esta emoción te conduzca a un comportamiento adaptativo que mejore tu vida.

Encontrar la intención positiva te ayuda a identificar la necesidad que tienes y a encontrar acciones que puedes realizar para cubrir esa necesidad. A partir de esta toma de conciencia tendrás un nuevo estado emocional deseado por ti con otra realidad distinta a la que percibías.

Por ejemplo, pensamos en la enfermedad, en el daño que nos ha hecho y nos aparece la tristeza. Esa tristeza nos puede estar avisando de que la enfermedad nos ha hecho perder algo valioso para nosotros, como puede ser nuestra libertad. Tiene la intención positiva de alertarnos que tenemos que hacer algo para recuperar esa necesidad básica que es la libertad. Ante ello tenemos la opción de cambiar nuestro pensamiento buscando qué puedo hacer para tener libertad adaptada a las circunstancias. En este caso, si no podemos volver al concepto de *libertad* que considerábamos antes de la enfermedad, con los comportamientos de antes, podemos crear un nuevo concepto de *libertad* con los comportamientos que podemos tener ahora y que nos pueden ayudar a cubrir esa necesidad y a sentir emociones agradables.

Es muy útil en este proceso escribir una carta o un diario emocional para expresar todo lo que vas sintiendo y expresarlo a través de la escritura. La escritura tiene un efecto potenciador sobre el cerebro activando las zonas que te llevan a la reflexión, a la toma de conciencia y a la acción.

Para llevar a cabo una buena gestión emocional es fundamental querer un cambio, querer aprender lo nuevo y desaprender de lo que ya no te vale. Conocerte, aceptarte y regularte hacia el equilibrio son tres condiciones necesarias para realizar tu gestión emocional. La regulación de las emociones la consigues mediante la regulación de lo que sientes, lo que piensas y cómo te comportas.

Y una acción que te puede ayudar en tu gestión emocional es compartir con tus seres queridos —familiares, amistades...— tus emociones. Compartir es un acto sanador para las emociones bloqueadas. También puedes recurrir a decirlas en voz alta o a escribirlas. Lo importante es que no se queden dentro.

Todo lo que expresas, ya sea en voz alta o escrito, hace que te baje la emoción desagradable como puede ser miedo, tristeza, rabia o cualquier otra. Así que tener ese diario emocional escrito o grabado te ayuda a gestionar tus emociones. Después lee lo escrito o escucha lo grabado y comprobarás que esas emociones que expresabas han bajado su intensidad.

Asimismo, te va a ayudar en tu proceso emocional rodearte de personas con una energía positiva, que ven el mundo desde una perspectiva optimista y con emociones agradables como la alegría, porque las emociones se contagian.

Asumir que padeces una enfermedad crónica y que tienes que vivir con ella requiere su tiempo. Las emociones pueden surgir en cualquier momento y te será muy útil saber reconocerlas, ser consciente de que forman parte del proceso de aceptación y gestionarlas. Y hay ocasiones en las que gestionamos mal nuestras emociones, aun sabiendo cómo debemos hacerlo; tranquilo, nos pasa a todos. Lo importante en este caso es darse cuenta y elegir tomar la actitud de realizar los cambios necesarios con las herramientas que vas aprendiendo. Para aprender, es necesaria la práctica y repetir lo aprendido tantas veces como haga falta, sin juzgarte, así lo integrarás cada vez más en tu día a día. Esta es la actitud que te lleva a lograrlo.

Es importante que seas honesto con lo que sientes y las emociones que tienes, conectar con tu vulnerabilidad. Reconocer tu vulnerabilidad es parte de tu valentía y es una de tus fortalezas. Te da la posibilidad de crecer y avanzar hacia una mejor versión de ti. Te ayuda a reconocer tus emociones y las de lo demás. Tu vulnerabilidad es parte de tu autenticidad.

Y recuerda: las emociones no son buenas ni malas son parte de ti y te avisan de lo que hay en tu interior. Todo lo que necesitas para superar la adversidad está dentro de ti. A continuación, para guiarte en la gestión de tus emociones comparto contigo un ejercicio de ocho pasos.

- *Ejercicio para la gestión de las emociones:*

1. *Reconoce tus emociones.* Se pueden manifestar con un malestar o dolor corporal o con ciertos comportamientos como por ejemplo, llorar mucho, dormir más o menos horas de lo habitual o enfadarse con facilidad. Estos comportamientos esconden emociones que pueden ser la tristeza, depresión e incluso ira. También puede aparecer estrés al tener que trabajar, cumplir compromisos sociales y realizar tareas de la vida diaria junto con estas emociones escondidas. Si tienes este tipo de comportamientos, te sientes insatisfecho o tienes malestar en tu cuerpo constantemente, observa qué emociones estás teniendo. Identifica esa emoción, en qué parte del cuerpo la sientes y ponla su nombre, ¿cómo se llama? Esto te ayuda a eliminar la incertidumbre de lo desconocido, de no saber qué es lo que te pasa. Y sin incertidumbre, sabiendo lo que es, ya puedes pasar a observar lo que te sucede.

2. *Permítete tener esas emociones.* Permítete sentir lo que sientes. Respira y date espacio. Obsérvate desde fuera, como un observador externo a ti, con respeto y amor.

3. *Acepta esas emociones* que has identificado como parte natural de tu proceso. Aparecen como consecuencia de una

situación concreta y aceptar cómo la sientes, sin juzgarte, sin resistencia, disminuirá tu malestar.

4. *Exprésalas* de la manera que más te sea cómoda. Se las puedes contar a alguien o como te he indicado antes, escribirlas o grabarlas. Al expresarlas conectas más la emoción contigo.

5. *Valora* si esas emociones que sientes te potencian o te limitan. Si te acercan a tu bienestar y a tus objetivos o te alejan. Sin etiquetar si son *buenas* o *malas,* ya sabes que todas las emociones tienen su intención positiva.

6. *Escucha* lo que te vienen a decir de ti. La información que te traen sobre qué necesidad no se está cubriendo en tu vida. Observa para qué aparece esa emoción en ti. ¿Qué te quiere decir?

7. *Pasa a la acción.* Una vez que sabes el mensaje que te trae cada emoción reflexiona sobre cada una: ¿qué quieres hacer con esa emoción ante ese mensaje que te trae?, ¿qué acciones puedes realizar que tengan la misma intención positiva aunque con una emoción agradable? Elige la acción ponte en marcha. Puede que elijas más de una acción y elabores un plan.

8. *Despide la emoción desagradable.* Una vez que ya tengas definidos tus pasos, tu plan de acción, da las gracias a esa emoción desagradable que tenías por cumplir su función y pide que se vaya.

Para personalizar la situación de convivir con la enfermedad y las emociones que te produce te añado cinco consejos:

- *Toma una actitud activa ante tu cuidado y tratamiento.* Es tu responsabilidad. Conoce bien la enfermedad, tu tratamiento, tu cuerpo y cómo te tienes que cuidar. Pregunta a tu médico todas las dudas que tengas y cumple el tratamiento que te haya prescrito.

- *Crea un estilo de vida saludable según tus necesidades.* Practica el ejercicio físico que tu situación te permita: es recomendable realizar algún tipo de ejercicio adaptado a cada enfermedad. Caminar es muy saludable, pero si esto no te viene bien, existen muchas más opciones. El ejercicio físico mejorará tu calidad de vida. Sigue la dieta que sea apropiada para ti. Y no olvides dormir de siete a nueve horas al día.

- *Tu enfermedad es solo una parte de lo que te pasa, no es parte de tu identidad. Tú eres mucho más que eso.* Este pensamiento te ayudará a seguir con tu vida, con tus *hobbies,* amistades, rutinas diarias y a hacer planes.

- *Comprende las emociones de los demás.* Puede que haya personas de tu entorno que reaccionen emocionalmente ante tu enfermedad de una forma negativa, y que esto te afecte. Exprésalo de manera comprensiva y pide lo que necesites de esa persona como puede ser su apoyo, su compresión y que te escuche. Y si esa persona no está preparada para afrontar la situación déjala en su proceso, seguro que hay otras personas a tu alrededor que sí lo están.

- *Quiere a tu cuerpo.* Cuando se tiene una enfermedad crónica puede aparecer cierto rechazo hacia tu cuerpo, sobre todo si has tenido que sufrir cirugías que han dejado cicatrices. Piensa que no hace falta tener un cuerpo perfecto marcado por la sociedad para tener una buena imagen corporal. No existe la perfección y todos tenemos limitaciones, se tenga o no una enfermedad. Si te cuidas, resaltas tus puntos fuertes y capacidades y aceptas tus limitaciones, tu imagen y tu autoestima se verán fortalecidas.

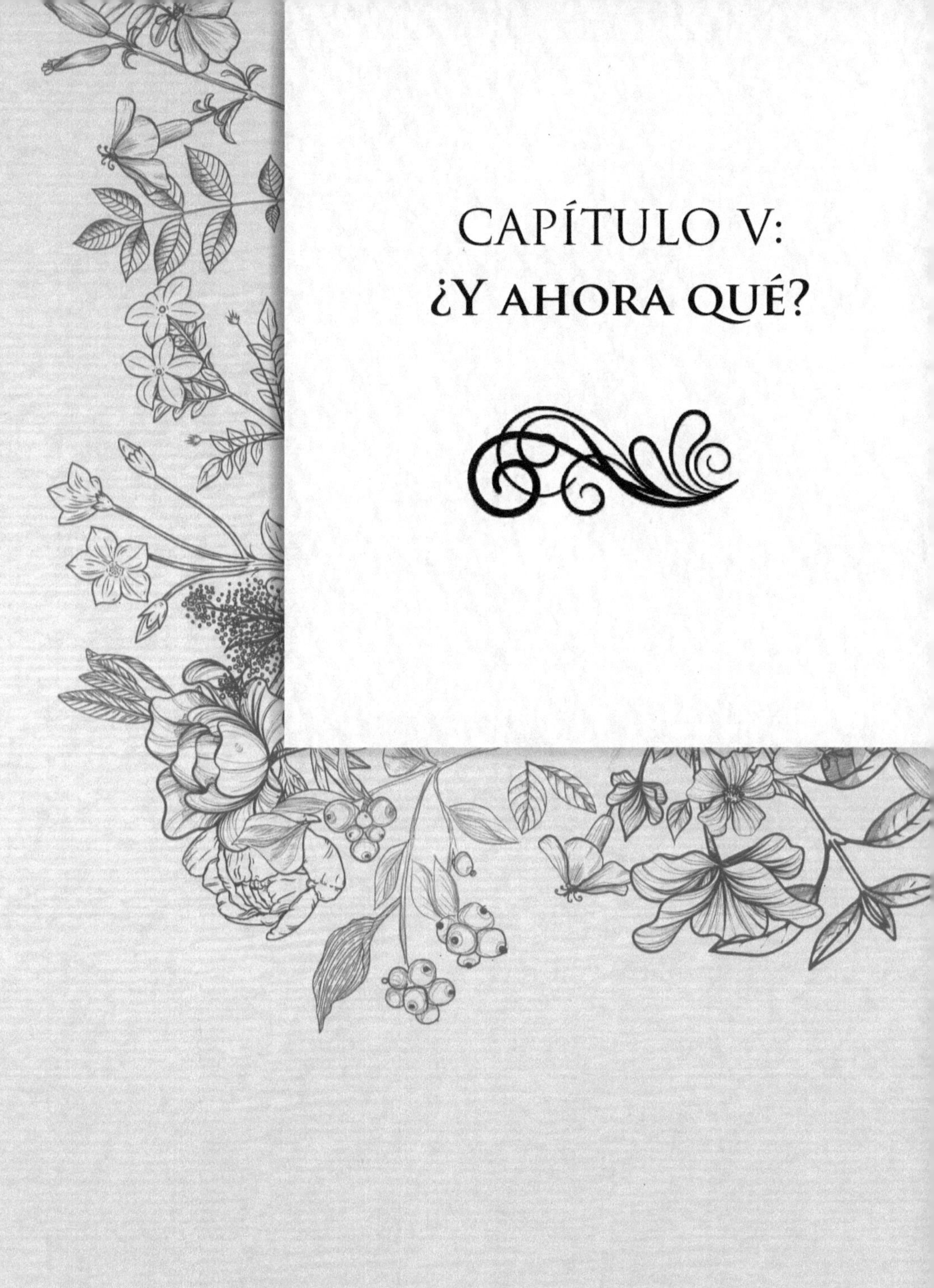

CAPÍTULO V:
¿Y AHORA QUÉ?

1. "NO PUEDO" FRENTE A "PUEDO CON TODO"

"Hay ocasiones en las que podemos con todo y hay ocasiones en las que todo nos puede. Y no pasa nada."

Encontrar el equilibrio en nuestra vida nos llevará al punto en el que podremos avanzar. Los extremos nos pueden desorientar y perjudicar. Mientras reconoces tus emociones, las identificas y las gestionas, tus días siguen y tienes que hacer frente a las actividades cotidianas y a las obligaciones personales, familiares y laborales. El cansancio aparece y la debilidad corporal y mental te limita.

En esta etapa hay dos comportamientos extremos que se pueden elegir: uno es consecuencia de la mente saboteadora que hace creer que no podrás salir de esa situación. La creencia limitante es "no puedo" y se convierte en un pensamiento que lleva a emociones desagradables y a conductas no beneficiosas. El otro comportamiento que se puede elegir es el de querer controlar todo lo que pasa a tu alrededor, abarcar más de lo que se puede y exigirte incluso más de lo que te exigías cuando la enfermedad no estaba en tu vida. La creencia es "yo puedo con todo".

Ninguno de los dos comportamientos es una buena elección. El "no puedo" conduce al desánimo, a la tristeza, a la queja, a la frustración e incluso a la comodidad de no realizar el esfuerzo de salir del victimismo. Y el "yo puedo con todo" lleva a una sobrecarga que pasará factura empeorando la enfermedad por no cuidarse e incluso te puede llevar a otra enfermedad distinta.

En mi caso, como te he contado, opté por el "yo puedo con todo". Puedo con mi enfermedad, mis hijos, mi matrimonio, mi hogar, mi trabajo... lo que me condujo a la aparición de otra enfermedad.

Es necesario encontrar un término medio entre el "no hacer nada", el "no puedo" y el querer "hacer más de lo que podemos". Puedes conseguir lo que te propongas, aunque tengas una enfermedad, pero no a cualquier coste.

Nuestros sueños tienen que ser realistas y hacernos disfrutar del camino para conseguirlos. Si analizamos nuestros sueños, qué camino queremos tomar para lograrlos y el coste que tenemos que pagar, puede que ese coste sea muy elevado. Puede que implique renunciar a nuestra salud actual o a nuestros seres queridos o a valores fundamentales para nosotros, y es preciso que revisemos nuestros sueños y lo que hay que hacer para alcanzarlos. Puede que ese sueño ya no sea posible y podamos optar por otros sueños que nos van a llevar a una vida más plena sin ese coste tan elevado. O puede que lo que tengamos que revisar sea el camino elegido que está lleno de piedras y sufrimiento por lo que deberemos buscar un camino más fácil de recorrer que podamos disfrutar.

Una vez que sabes lo que quieres conseguir, debes pensar en el precio que conlleva y si merece la pena o no. En cuanto eres consciente de todos estos puntos, ya puedes ir a por tus sueños. Y ahora ya puedes creer con firmeza y confianza que vas a llegar a conseguirlos. Creer en tu capacidad de lograrlos tiene el poder de crear el camino para llegar a ellos y vas viendo cómo lo tienes que hacer.

Respecto a tu vida cotidiana, es fundamental revisar qué haces en tu día a día que con el tiempo te puede llevar al agotamiento, al estrés y a enfermar más. Puedes repartir tareas y dejar las que no sean indispensables. Y por supuesto, busca un tiempo para cuidarte, descansar y quererte.

2. CÓMO SANAR EL DOLOR EMOCIONAL

El dolor relacionado con las emociones, ese dolor que va más allá del dolor físico, nos puede llevar al sufrimiento, tal como te mencioné en el segundo capítulo. Y se puede unir al dolor físico o al malestar que puede existir en la enfermedad aumentando tu sufrimiento.

El dolor físico se tratará con el tratamiento farmacológico prescrito por tu médico especialista; sin embargo, para el dolor emocional no existen medicamentos que curen. Se podrá enmascarar con antidepresivos u otro tipo de fármacos, pero seguirá ahí hasta que elijamos sacar nuestro poder interior para curarlo. Seguirá hasta que decidamos sanar nuestras heridas internas.

Elegir es uno de los privilegios que tenemos como seres humanos, forma parte de nuestra libertad. Cuando estamos en el sufrimiento podemos reaccionar con amargura o podemos usar ese sufrimiento como la fuerza que nos va a impulsar a sacar todo nuestro potencial.

En la gestión de las emociones, ya te he dejado pautas a seguir para no quedarte anclado a emociones desagradables. Esta gestión te va a servir para no elegir el victimismo y la resignación, y a cambio poder elegir emociones beneficiosas con actitudes positivas que te ayuden a tener una vida de bienestar.

Al elegir no sufrir o sufrir lo menos posible a pesar de las circunstancias podrás aprovechar la vida. Porque puedes elegir hacer frente a la vida con coraje, pasión por lo que haces, responsabilidad, integridad, alegría y gratitud entre otras muchas más actitudes positivas. Y esto aliviará el sufrimiento y te abrirá puertas hacia lo que de verdad quieres ser.

Es una opción con la que te sentirás mejor y también las personas de tu entorno, y es la opción que te da la posibilidad de sembrar semillas en el presente para recoger sabrosos frutos en tu futuro.

Mientras hay vida, hay caminos por los que elegir ir. Somos mucho más que nuestra enfermedad y continuamos vivos. Tenemos la capacidad de elegir ser simples observadores del paso de nuestra vida o convertirnos en los protagonistas de ella aunque este papel tenga una parte del guión con nuestro especial cuidado y tratamiento marcado por la enfermedad. Asumir nuestra responsabilidad ante los hechos nos permitirá construir un futuro en el que tenemos el poder de elegir y dirigir nuestra película. Nos permitirá tomar conciencia de lo que nos da sentido para seguir viviendo, definir nuestro propósito y poder seguir amando y creciendo disfrutando de los caminos elegidos.

Me reconforta saber que podemos elegir que nuestro paso por la vida y nuestro sufrimiento no sea en balde y que al final de nuestros días podamos sentir la gratitud por todo lo vivido. Agradecer a la vida por todas las oportunidades que nos ha dado, permitiéndonos poner nuestro granito de arena para aportarle valor a nuestra la vida y a la de otras personas, es parte del tratamiento de nuestro dolor emocional.

Conseguir la gestión de tus emociones contribuye a tu sanación emocional y ayudar a otros es una de las mejores terapias que favorece tu curación. Una vez que has aprendido a gestionar tus emociones, cambiar creencias limitantes, honrar tus valores, bailar con tus miedos, superar la culpa y la tristeza y cultivar una actitud positiva estás preparado para ofrecer a los demás aquello que has logrado en tu interior. Estás preparado para ayudar a tus seres queridos y a tu entorno siendo un ejemplo de cómo superar tus límites y cómo conseguir dar sentido a la vida: habrás sanado tu dolor emocional.

3. ACEPTACIÓN, LA ÚLTIMA FASE DEL DUELO

Cuando nos dan la noticia de que una enfermedad estará en nuestras vidas por un largo periodo de tiempo o para siempre empieza un duelo. Iniciamos el proceso de una enfermedad crónica e iniciamos también el duelo por la pérdida de nuestra vida sin la enfermedad. Un duelo del que no somos conscientes, pero por el que tenemos que pasar por todas sus fases para superarlo.

Además de los síntomas físicos de la enfermedad, podemos tener miedo a la incertidumbre, al futuro, a la muerte, a que nuestra calidad de vida disminuya, y sentir ansiedad y depresión.

El duelo es un proceso psíquico adaptativo a la nueva situación y necesario para afrontar una pérdida significativa como es, en nuestro caso, la pérdida de la salud completa de nuestro cuerpo. Y con la sensación de pérdida, nos invade la tristeza.

El duelo se desarrolla en cinco etapas: negación, ira, negociación, depresión y aceptación. La primera fase, la negación, la sentimos al recibir esa noticia inesperada. Queremos convencernos de que esa enfermedad no existe e incluso en algunos casos hay personas que en esta fase ponen en riesgo su vida por no seguir el tratamiento y las recomendaciones médicas. Esto puede impedir que los síntomas disminuyan y la enfermedad se controle. Es una etapa que debe durar lo menos posible.

En la siguiente fase, aparece la ira como consecuencia de la sensación de injusticia. Nos quejamos, lloramos y nos enfadamos con nosotros y con el mundo. También puede estar mezclada la culpa en esta etapa. Es la fase del "¿por qué a mí?", "¿qué he hecho mal…?".

La negociación es la tercera fase. En ella la ira disminuye poco a poco y comienza un pacto con la divinidad, la vida o con personas y objetos en los que se confíe o se tenga fe para curarse. Es la etapa de "si me curo prometo que…".

La cuarta etapa es la tristeza o incluso la depresión: al final nos damos cuenta de que no hay marcha atrás hacia un pasado sin enfermedad y nos invaden emociones como la tristeza llegando a un estado depresivo normal del duelo. Hay dolor psíquico y emocional que necesita ser gestionado. Es bueno en esta fase hablar de nuestras emociones, de los miedos y poner en práctica la gestión de las emociones para no pasar de ese estado de tristeza a la depresión profunda que nos dificultaría llegar a la aceptación.

La aceptación es la fase final del duelo. Progresivamente vamos reconociendo que la enfermedad está ahí y que estará el resto de nuestra vida o un tiempo largo e indeterminado. Tomamos conciencia de cómo es la enfermedad, del tratamiento que necesitamos y nos adaptamos a las circunstancias.

Tras esta aceptación adaptativa, que no es resignación, podemos trabajar hacia una valoración de lo que tenemos y disfrutar del momento en el que estamos, entrando en la etapa de aprendizaje.

Cada persona vive el duelo de forma diferente y necesita su tiempo. Estas etapas no se suceden de forma seguida una detrás de otra, las podemos vivir entremezcladas, podemos creer que hemos pasado una y que estamos en la siguiente y de repente sentimos que volvemos a la anterior. Cada etapa también tiene su tiempo y será más o menos larga en cada persona.

Es importante no quedar bloqueados en alguna de estas fases, pasar cada una de ellas y superarlas, y avanzar hasta el final del duelo.

Las personas, cuando estamos en equilibrio, aceptamos la vida con lo que conlleva y con sus dificultades. Para alcanzar ese equilibrio tras un tsunami es necesario haber pasado por todas las fases del duelo y haber llegado a la aceptación. La aceptación de las circunstancias y de que la valía del ser humano no tiene que ver con tener o no una enfermedad. Es importante que eliminemos toda creencia que lleva a pensar que tener una enfermedad supone un fracaso o una desvaloración cómo persona.

Acepta que no tienes el poder de cambiar lo que te sucede, pero sí puedes cambiar lo que decides hacer con lo que te sucede. No existen la perfección ni la seguridad ni las verdades absolutas. Si insistes en seguir luchando para conseguir todo esto, te generará falsas expectativas y ansiedad.

Puede que en este proceso de duelo necesites hacer alguna parada. Hay ocasiones en que la acción necesaria consiste en parar por un tiempo para reemprender un nuevo camino y estilo de vida. En ocasiones, *parar* por un tiempo determinado es *ganar*.

Parar no significa *resignarse* ni *rendirse*. La resignación o la rendición sería no permitirse vivir ni sentir ni avanzar. Paras para descansar, coger fuerzas y para pensar y reflexionar cómo quieres que sea tu nueva vida con tu nueva situación y qué acciones vas a llevar a cabo para conseguirla.

4. LA OPORTUNIDAD DE LA ADVERSIDAD

La adversidad que aparece de repente y te rompe tu vida diaria te lleva a iniciar una crisis. Te hace vivir cambios inesperados, te pone en encrucijadas y te tambalea.

La crisis provocada por una adversidad te lleva a parar, a pensar, a analizar y a priorizar lo que es importante en tu vida, iniciando una transformación en tu desarrollo personal. Si lo permites, esa transformación significará un crecimiento hacia tu mejor versión.

Es un proceso en el que aprendes a gestionar el dolor, las emociones, a saber cuáles son tus valores, a analizar tus creencias y a descubrir tu propósito, tu "para qué". Y todo esto se ha iniciado con esa crisis.

En este proceso de crecimiento puedes llegar a controlar tu situación desde la realidad, sin ocultarla, y sin dramatizar. Sin quedarte en la queja y el victimismo. Puedes reflexionar para llevar a cabo acciones que van a facilitar esa transformación, acciones que estarán en coherencia con lo que piensas y con lo que sientes.

Las crisis son oportunidades que te enseñan a conseguir grandes logros. Esta perspectiva de ver las crisis como oportunidades te ayuda a trascender el sufrimiento. Es el inicio del cambio, de tu transformación, para lograr la vida que deseas y ser ejemplo de superación para otros y ayudarles en su propia superación.

Las piedras que te vas encontrando en tu camino pueden llegar a ser herramientas que te ayuden para transitarlo. Encontrar la manera de cómo aprovecharlas forma parte de tu propio crecimiento personal.

Esta capacidad de convertir las adversidades en oportunidades va acompañada de la resiliencia. La *resiliencia* es la habilidad de superar la adversidad y transformarla en aprendizajes para llegar a la meta. Una vez que has conseguido esa superación, te has convertido en una persona más fuerte y adquieres más sabiduría para poder aplicarla en tu día a día. Esos aprendizajes te servirán para el resto de tu vida. Y cuando vuelvas a enfrentarte a situaciones adversas, sabrás cómo actuar con mayor flexibilidad y rapidez. Y con menor sufrimiento.

Hay personas que desarrollan su resiliencia innata con facilidad y recurren a ella ante las crisis. Y a otras personas les cuesta acceder a esa resiliencia y necesitan hacer un trabajo para desarrollarla. Es muy importante que tengas en cuenta que, como ocurre con cualquier otra habilidad y capacidad, se puede desarrollar, partas del nivel que partas. No hace falta que hayas nacido con ella. La diferencia está en que se necesita más o menos horas de práctica.

Cuando logras ser resiliente, desarrollas la voluntad de resistir ante la adversidad y de no rendirte a pesar de las dificultades que te encuentres en tu camino. En el séptimo capítulo te doy pautas para desarrollar tu resiliencia.

Ante la enfermedad el proceso de adaptación puede requerirte algo más de tiempo, paciencia y comprensión. Aunque, al final, cuando te enfrentas a la situación como un reto te llega la oportunidad de descubrir tu fortaleza interior y tu capacidad de adaptación y superación. No eras consciente de que pudieras afrontar este tipo de adversidades, y según las superas te sorprendes de lo que eres capaz de hacer.

Las adversidades te dan la oportunidad de conocerte, de crecer como persona y de desarrollar habilidades que de otra forma no lo hubieses hecho. Tomas conciencia de otras formas de ver la vida con otras perspectivas.

5. RESPONSABILIDAD Y ACCIÓN

Somos lo que somos como resultado de nuestras vivencias pasadas, nuestra educación, nuestro aprendizaje, nuestra cultura y nuestro entorno. Pero más allá de ese resultado pasado podemos tomar la responsabilidad de ser quienes queremos ser y decidir a partir de ahora ser el resultado de nuestro presente, con un mayor aprendizaje y crecimiento personal. Podemos hacer uso de nuestro derecho a elegir la vida que deseamos vivir.

La vida la vamos creando a partir de cómo respondemos ante las situaciones que nos tocan. Podemos responder de forma consciente o inconsciente y ambas elecciones condicionaran nuestro presente y nuestro futuro. Si tomamos el toro por los cuernos, con conciencia de la respuesta que queremos tener y asumiendo la responsabilidad de que está en nosotros el cambiar lo que no nos beneficia, tendremos la oportunidad de elegir, de tomar nuestras propias decisiones y de crear nuestro presente. Asumir la responsabilidad de crear tu vida te ayudará a no caer en la resignación ni en el victimismo. Te hará ver que hay una salida.

Una enfermedad es una crisis y como tal, si decides a cada momento la respuesta que vas a tener ante ella para que sea la mejor posible para ti, llegarás a cambiar tu realidad. Lograrás disfrutar de la parte buena que te está ofreciendo el presente y sembrar para, en un futuro, recoger una buena cosecha.

5.1. ¿En quién te quieres convertir?

Desde el comienzo de la enfermedad tienes que tomar decisiones que te pueden llevar tiempo llegar a ellas e incluso sentir que no vas a poder decidir. Sentir esto es normal, pero no permitas que se quede ese sentimiento en ti. Hay que actuar para avanzar y para ello tienes que tomar decisiones. Incluso cuando no quieres decidir estás tomando una decisión, la de no decidir, y en este caso no eliges tú, dejas que las circunstancias y otras personas elijan por ti. Así que es mejor que tomes tú el mando de tu vida.

En estas decisiones influirán tus creencias, valores, miedos y el conjunto de emociones de las que ya te he hablado a lo largo del libro. Cuando no has realizado una gestión adecuada de todas estas partes de ti, corres el riesgo de tomar la decisión de no responsabilizarte de tu vida, no cuidarte, no seguir el tratamiento, no participar en tu destino, vivir con rabia, con tristeza y caer en el victimismo.

Ante la encrucijada de tener que hacer cambios basados en tu enfermedad puedes decidir conservar esa actitud tan perjudicial o ser dueño de tu vida, a pesar de la enfermedad, adoptando una actitud más beneficiosa para sentirte bien y exprimir la vida.

Al final, la vida se te presenta así y no hay vuelta atrás. Parte de nuestra rabia es no tener la fórmula mágica que nos lleve al momento en que nuestro cuerpo funcionaba perfectamente. Y no empleo la palabra *sanos,* porque una creencia muy potenciadora que tengo es que "podemos estar sanos aunque tengamos una enfermedad". Esta creencia es una decisión que tomé al inicio de mi enfermedad. Yo no *era mi enfermedad* ni me identificaba con ella. Solo era una condición en mi vida que me hizo adaptarme a un cuidado especial, pero no iba a quebrar mis posibilidades de dirigirme hacia mis sueños. Esta decisión fue el combustible que impulsó mi motivación y me dio fuerza para continuar y no dejarme vencer por la situación.

Recuerdo una revisión médica laboral que tuve en la etapa de mi primer trasplante. Cuando me dieron el informe ponía: "sensación subjetiva de estar sana". En ese momento me invadió la rabia: ¿cómo que sensación subjetiva? Llevaba una vida activa con mi trabajo, mis tres hijos, mi matrimonio, una vida social, me sentía satisfecha y tenía sueños y un propósito en la vida. No podían decirme que era una *sensación subjetiva*. Desde el punto de vista médico, entiendo la frase y además tenemos que ser conscientes de que necesitamos un cuidado y un tratamiento. Pero yo, además de sentirme sana, me había responsabilizado de llevar una vida activa y realizar eficazmente todos mis roles de mujer y de persona. No era una sensación subjetiva: era una realidad en ese presente.

Ser conscientes de que tenemos una enfermedad y no identificarnos ni etiquetarnos con ella nos traslada a otra dimensión en la que tomamos la responsabilidad de ser mucho más de lo que nos pasa. En nosotros existe la opción de decidir quiénes queremos ser ante lo que nos sucede. Si decidimos sacar lo mejor de nosotros, se nos abren las puertas de nuestra transformación. Ese proceso de transformación supone un esfuerzo de superación que conlleva a un autoconocimiento mirando en nuestro interior. Y el motor que nos impulsa a este cambio es el amor. El amor da sentido a nuestra vida. Nuestra capacidad de amar será la que nos lleve a encontrar el sentido de vivir. Con amor por todo lo que forma parte de nuestra vida, y por supuesto incluidos nosotros mismos, se puede lograr la transformación.

Si no cogemos esa responsabilidad y seguimos en crisis por la enfermedad o por cualquier otra adversidad, nuestra vida no funcionará como queremos. Tenderemos a responsabilizar a otros, a la vida, al destino o a la divinidad en la que creamos. Si no decidimos actuar y dejamos que la adversidad se adueñe de nuestra vida a través de la apatía, el desánimo y el victimismo es cuando no encontraremos el sentido a todo lo vivido. No hallaremos nuestro propósito de vida con el que contribuir y dejar nuestro granito de arena al mundo. Viviremos en ese bucle de infelicidad y no descubriremos qué hacemos aquí.

Cuando entiendes que el cambio es responsabilidad tuya y que solo está en tu mano realizarlo, consigues iniciar acciones para salir adelante y dirigirte hacia la vida que deseas tener. Esa responsabilidad conlleva no vivir los errores y las adversidades como fracasos, sino como aprendizajes y oportunidades de mejora para el cambio. Para lograrlo necesitas perseverancia, no resignarte y no rendirte. Descansar cuando sea necesario y después continuar.

Este proceso, como cualquier proceso que tengas en la vida, no se consigue de un día para otro. Necesitas esfuerzo, paciencia y constancia. Y ten por seguro que tomar la responsabilidad de lo que vives te transforma.

5.2. Sin acción no hay resultados

En este proceso por el que te estoy guiando a lo largo del libro, he buscado de forma intencionada regalarte un espacio y un tiempo de reflexión para que puedas conocerte, quedarte con lo que te vale, eliminar lo que ya no te sirve, aceptarte y amarte. Te he mostrado qué pasos puedes dar y con qué herramientas para desarrollar todo tu poder.

Ahora te toca actuar y poner en práctica todo eso. Toca llevar a cabo esos pasos que ya sabes. Con la ayuda de lo que has aprendido continuas con más fluidez por tu camino. Si solo reflexionas y no pasas a la acción lo aprendido, no sirve para nada. Decidir cómo quieres que sea tu vida para darle sentido es un derecho al que no debes renunciar y que se materializa cuando pasas a la acción.

Ya sabes que puedes elegir entre dos opciones: la resignación o la acción. Si eliges la resignación y dejas que otros o la propia vida decida por ti, aumentará tu angustia y malestar y con el tiempo te llevará a la depresión, a la apatía y a la desesperanza. Perderás la ilusión de vivir. Resignarse es el camino más fácil, no requiere esfuerzo ni energía, sin embargo, no llegarás a una vida con sentido.

Si decides pasar a la acción implica esfuerzo, compromiso, energía y coraje. Tienes que trabajar para cambiar, para crear nuevas creencias, nuevos comportamientos y reconocer tus miedos para poder transcenderlos. Y la parte que más energía y esfuerzo requiere es llevar todo a la práctica en tu día a día. Sin práctica, sin acción, todo lo que decidas hacer en tu mente se quedará en ella sin bajar a tierra, sin poder aplicarlo en tu vida y sin obtener el beneficio de la transformación, del cambio para ir hacia el propósito de tu vida.

Cuántas veces te ha pasado que, sabiendo perfectamente lo que tienes que hacer, le sigues dando vueltas en la mente y te dices: "Tengo que (hacer)…", y se queda ahí, en el "tengo que…", sin llegar a materializarse.

Para evitar esa procrastinación, es necesario que entrenes la mente para pasar a la acción poniéndote pequeñas tareas que puedas realizar lo antes posible. Divide la acción en pequeños retos que sean más fáciles de alcanzar. También es muy importante que te felicites a medida que vayas cosechando esos pequeños logros.

A continuación, da otro pasito más. Son pequeñas acciones que al final se convertirán en una gran acción. Y un cambio importante a nivel cerebral es cambiar tu lenguaje por lo que puedes cambiar esa expresión de "tengo que…", que indica una obligación que lleva a la resistencia, por "quiero (hacer)…" o también por "voy a…", así tendrás menos resistencia a realizar esa acción.

No es fácil saber lo que queremos en la vida y menos cuando nos acompaña una enfermedad que condiciona nuestras decisiones, pero sí es posible. Encontrar un "para qué vivir" nos lleva a encontrar también el "cómo" conseguir lo que queremos poniendo nuestras energías en ello.

Muchas veces la vida nos hace parar en seco para después reiniciar nuestro camino en las circunstancias que nos toca vivir. Nos dirige a reinventarnos y lo conseguiremos si damos pasos firmes, tomamos decisiones claras y tenemos la confianza en lo que hacemos para seguir avanzando en nuestro camino. A continuación te detallo cuatro pasos que te van ayudar a conseguirlo:

- parar para pensar lo que quieres;

- analizar la situación actual que tienes con respecto a lo que quieres;

- decidir qué puedes hacer para pasar de esta situación actual a la que deseas tener elaborando tu plan de acción;

- llevar a cabo esas acciones que puedes hacer, tomar acción para lograrlo.

Una vez que tienes claro lo que quieres y sabes los pasos que tienes que dar, si lo imaginas en tu mente como algo conseguido y lo sientes como un logro, estarás usando el poder de la visualización para llegar a hacerlo realidad.

Ya te expliqué que la visualización es una técnica muy poderosa y te ayudará mientras vas realizando las acciones que has pautado en tu plan de acción hacia tu meta. Todo ello hará que tu sufrimiento vaya perdiendo fuerza y tu mente vaya creando el camino hacia lo que te has propuesto.

En este proceso no puedes saltarte la reflexión y el análisis porque, sin ellos, podrías precipitarte y entrar a momentos de caos y frustración. Y tras la fase de reflexión siempre tiene que ir la fase de acción. Ninguna reflexión tendrá utilidad en la realidad si después no realizas las acciones necesarias para llegar a los logros que deseas. Y por supuesto, tomar acción con una actitud positiva y alineada con tus valores.

Si a todo lo anterior le unes el coraje, tendrás la fuerza para actuar y el valor para afrontar lo nuevo. El coraje aparece cuando hay algo por lo que merece la pena luchar y te mueve hacia ello.

Si pasas a la acción, lo intentas y resulta que no consigues lo que te habías propuesto, observa qué has aprendido en el camino que has recorrido hasta ese momento. Y observa qué otro camino se te ha mostrado, puede que sea mejor que el que habías iniciado.

Observar si según vas avanzando en tu plan de acción se abren nuevas posibilidades que no habías imaginado. Ante esas nuevas posibilidades puedes ver otras opciones que pueden llevarte a tus metas. Opciones que también te permiten continuar con tu crecimiento personal desde un escalón más alto con todo lo aprendido en el camino que ya has recorrido.

Estar abiertos a las oportunidades que se nos presentan con la confianza de que lo que nos sucede es lo mejor para nosotros nos da la seguridad que necesitamos.

Por tanto, si unes imaginación, deseo, reflexión, valores, actitud, coraje, acción y perseverancia tendrás la fórmula para superar tus límites y alcanzar tus sueños.

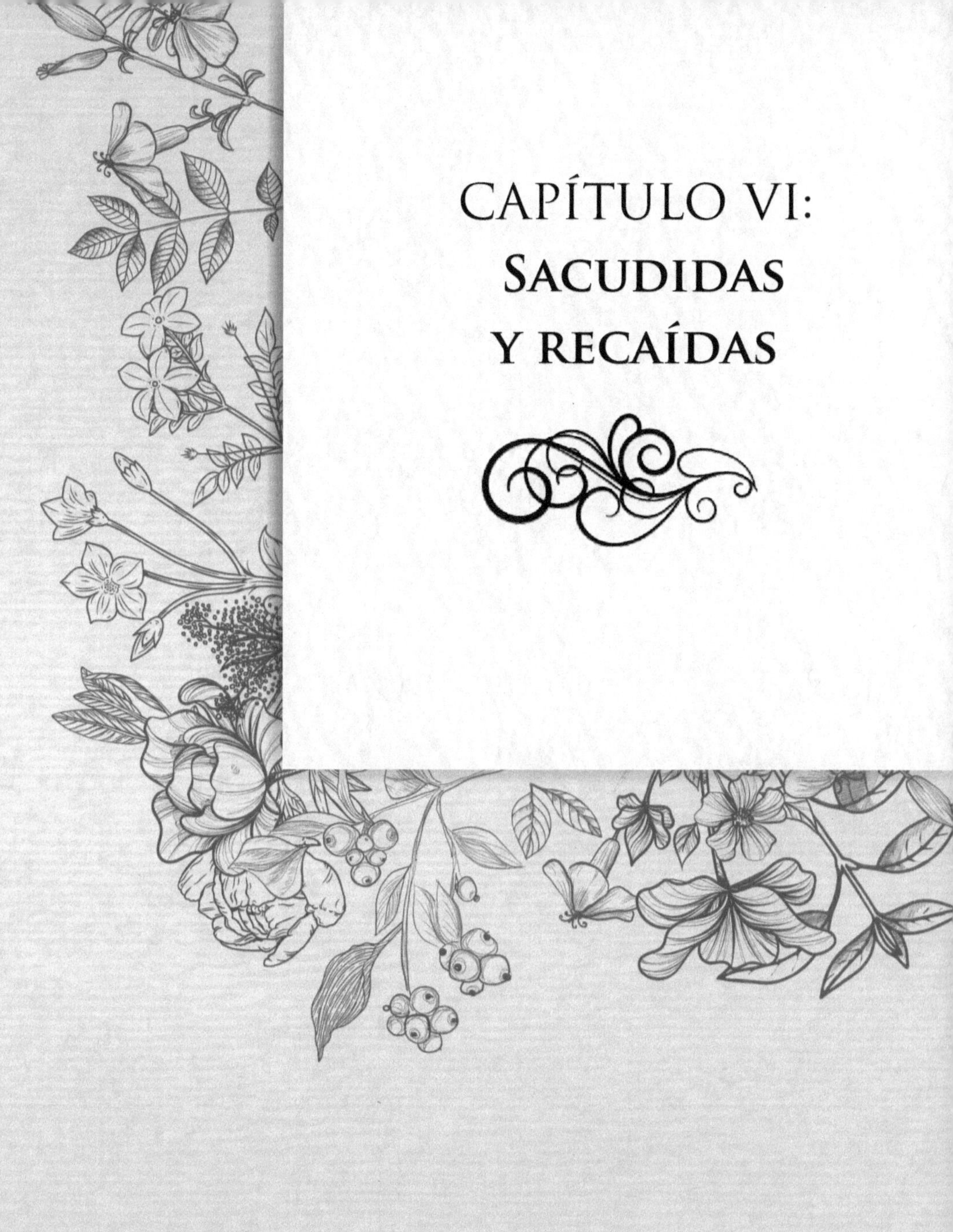

CAPÍTULO VI:
SACUDIDAS Y RECAÍDAS

1. LLUEVE SOBRE MOJADO

*"La vida nos sacude más de lo que nos gustaría
y nos hace caer sobre las cenizas que han
quedado de las veces anteriores."*

Tras mi primer tsunami —provocado por la noticia de que necesitaba una máquina para vivir y un trasplante de riñón— pasé a la aceptación. Tuve un primer embarazo de alto riesgo que fue compensado al tener a mi primer hijo. Terminé mis estudios. Llegó el trasplante y con él la alegría de poder empezar una vida sin máquina y recuperarme del deterioro de la diálisis, una sensación de alegría que se entremezclaba con el proceso de adaptación al trasplante. Y tuve un segundo embarazo de alto riesgo que también fue compensado con mis mellizos.

Me incorporé a la vida laboral y conseguí normalizar mi vida. Logré disfrutar de los momentos que la vida me ofrecía. También forcé demasiado a mi cuerpo y a pesar de sus avisos lo llevé al límite hasta aparecer en mi vida otra enfermedad. Después llegó el rechazo de ese trasplante y el inicio de nuevas situaciones dolorosas que cayeron una detrás de otra como lluvia sobre terreno mojado. Otro trasplante, otro rechazo, otra entrada a diálisis…

Cuando llega una adversidad detrás de otra sobre heridas que no han terminado de cicatrizar y que se vuelven a abrir, se revive el dolor emocional, los miedos, la tristeza....: el tsunami. Y nos toca empezar de nuevo desde un punto de partida diferente al de la primera vez, desde un terreno tocado por las lluvias anteriores que ya han caído.

Adaptar nuestro día a día con la enfermedad a los problemas cotidianos que cualquier persona puede tener a nivel personal, familiar, laboral... requiere un sobreesfuerzo para el que a veces no estamos preparados. Requiere saber priorizar qué es lo importante para nosotros y qué es lo mejor. Requiere que nos aceptemos y nos amemos para así poder elegir lo que se queda en nuestra vida y lo que se va.

Para lograr todo esto, necesitamos de la ayuda de herramientas y técnicas que nos enseñen cómo hacerlo. Si seguimos permitiendo que las gotas de agua sigan cayendo sobre nosotros, sobre nuestra dignidad, nuestra autoestima y nuestra valía, llegará un momento en que por mucha fuerza interior que tengamos no podamos soportarlo y toquemos fondo sin más remedio.

Si en aquella época hubiese sido consciente de todo esto y hubiese tenido los recursos que tengo ahora, me hubiese evitado tocar ese fondo con todo su sufrimiento.

La vida te va poniendo en situaciones de aprendizaje que pueden impulsar tu crecimiento personal; si no te das cuenta de lo que te toca aprender, se repetirán situaciones similares hasta que lo aprendas para después pasar al siguiente nivel de tu desarrollo. Ahora, desde el lugar de mi existencia en el que me encuentro, soy consciente de que todo lo que he vivido contenía grandes enseñanzas.

2. Los duelos no pasados

"Con el duelo cumplido, muchas pérdidas
se convierten en ganancias."

En el pasado, mi fuerza interior me empujaba a saltarme esos duelos, me impulsaba por inercia. Gracias a esa fuerza sentía el coraje que me llevaba a superar las adversidades por las que me tocaba pasar.

Esa fuerza está en todos, solo hay que acceder a ella. Es genial lograr que esa fuerza te ayude, aunque no es suficiente, a esa fuerza hay que unir la conciencia de que estás pasando por un duelo, de qué es lo pierdes, de ser reflexivo con cada etapa que pasas, saber cómo te sientes, qué emociones tienes y cómo gestionar todo lo que te sucede. Amarte, cuidarte, comprenderte y sentir compasión por ti con cada fase. Todo para llegar al final del duelo. Y, a partir de aquí, empezar un nuevo ciclo en el que eres una persona más fuerte, con más recursos, más capaz y con un crecimiento personal que ya forma parte de tu vida.

Los logros que vas consiguiendo en tu proceso de desarrollo son para toda la vida. Vas pasando niveles, subiendo escalones y vas avanzado. Cuidar tu cuerpo, tu mente, tus emociones y tu espíritu para lograr el equilibrio y una vida plena hace que el camino que vas recorriendo sea más cómodo, tenga menos piedras o que a esas piedras les encuentres utilidad. Vas encontrando sentido a tus vivencias y te da fuerza para continuar.

La mayoría de los duelos completados hasta la aceptación y la superación son el trampolín que te lanza a iniciar este proceso hacia tu mejor versión. Cierras ciclos y empiezas otros nuevos que te van a traer nuevos caminos. Y estos duelos hay que pasarlos con la metamorfosis de las crisis para saltar de una etapa de la vida a otra.

Los duelos pueden ser más o menos dolorosos, con más o menos sufrimiento según la caja de herramientas que llevemos encima. Con unas buenas herramientas de crecimiento personal el proceso del duelo es menos doloroso y el aprendizaje se logra más rápido.

Revisa las pérdidas que has tenido en tu vida y la que puedes estar teniendo ahora. ¿Qué duelos piensas que no has completado? ¿Has pasado en todos tus duelos por todas las fases? Si no ha sido así, reflexiona si todavía debes trabajar en algún duelo para completarlo y poder avanzar sin esa mochila por tu camino. Si los dejas sin completar, tarde o temprano aparecerán de nuevo para darte la oportunidad de finalizarlos.

3. LA FAMILIA

Contar con la familia como soporte para los cuidados que se necesitan ante una enfermedad crónica es un apoyo importante. El entorno familiar nos puede aportar cuidado y atención física. Y sobre todo amor y cariño, que ayudan a llevar mejor los avatares de la enfermedad.

No siempre se cuenta con este apoyo de la familia y de nuestro entorno más cercano y te afirmo, por experiencia propia, que en esta situación la vida nos proporciona otras personas a nuestro lado que nos ayudarán y nos ofrecerán su apoyo. Puede ser tu pareja, el personal sanitario, algunas amistades, algún vecino o vecina, y diferentes personas que se nos cruzan en la vida y nos ofrecen una mano haciendo de ángeles guardianes.

Tómala y déjate ayudar, da igual que no sean de tu familia directa, lo importante es que están ahí para ayudarte. En el caso de que esta ayuda no sea suficiente, se puede buscar en asociaciones y en el entorno sanitario en el que estás, tu especialista te puede dar información.

El fin es no dejarse abatir por la soledad, por la tristeza y no caer en el victimismo. Hay otros caminos para salir adelante y para ello hay que moverse hacia lo que necesitamos. Hoy en día con Internet y las redes sociales es más fácil contactar con personas que están ahí para nosotros y personas que están en la misma situación. Agradece la ayuda que te llegue.

Y si tienes a tu familia directa a tu lado, valora esa ayuda, cuídala y agradécela por estar ahí. Es necesaria tu participación en tu cuidado junto con la que te ofrecen. Para que esta actitud de ayuda de la familia perdure con energía en el tiempo debes tener en cuenta que tus seres queridos también se agotarán, también pasarán por sus duelos y tienes que poner de tu parte para hacerles más fácil su labor.

Al ser una enfermedad larga con temporadas muy difíciles en las que puede haber recaídas, sus fuerzas también se debilitan. Hazles ver que comprendes que ellos tienen que combinar su propia vida con la tuya. Reconoce y agradece su dedicación y toma una actitud activa y participativa asumiendo la responsabilidad de tu cuidado y tratamiento en todo lo que te sea posible. Ante cualquier tipo de ayuda que recibas, insisto, agradécela siempre.

Durante tantos años con la enfermedad, y con las entradas y salidas al tratamiento de diálisis, he podido conocer todo tipo de familias y todo tipo de situaciones.

Con gran admiración y alegría he podido ver familias unidas dedicadas a cuidar de su familiar enfermo con mucho amor. Ellos tenían claro que era lo que tenían que hacer y no dudaban. Y no quiero decir con esto que no se cansaran y que no tuvieran momentos de tristeza y dolor por la situación, pero se levantaban y continuaban porque su familiar les necesitaba.

También he visto casos de abandono o de no atención hacia el familiar enfermo. Y he visto casos de "malos enfermos" que se lo ponían muy difícil a sus familiares.

Ante estas situaciones de dependencia por la enfermedad, la familia y el enfermo necesitan una ayuda psicológica externa para poder permanecer al pie del cañón todo el tiempo. Esto es fundamental y debe formar parte del tratamiento médico.

Durante los quince primeros años con la enfermedad, la relación con mi madre y mis hermanos fue cordial. Aunque con algún conflicto familiar. Nos reuníamos para comer juntos y estábamos en contacto. En el inicio de mi enfermedad, la primera vez que entré a diálisis recibí ayuda de parte de ellos, sobre todo de mi madre. He sido siempre una persona que no ha querido que mi familia tuviera la carga de mi enfermedad por lo que solo pedía ayuda cuando era estrictamente necesario. Y agradecía que me la dieran.

Cuando nació mi primer hijo necesité ayuda para seguir asistiendo a las sesiones de diálisis y que mi madre se quedara con él. Y en el primer trasplante necesité mucha ayuda cuando nacieron mis mellizos, aunque no fue posible tener toda la que necesitaba por diferentes circunstancias familiares.

Con todo lo que me sucedió después, la ayuda fue escasa, mi madre ya tenía sus propias enfermedades y no era posible recurrir a ella. Pero como la vida siempre está ahí para nosotros cuando queremos ver lo que nos ofrece, apareció la ayuda de otras personas en los momentos críticos. Y cuando no podía tener ayuda y el cansancio me invadía aparecían las fuerzas para soportar la situación.

Mi hermano, mi hermana y yo nos fuimos separando. No quería ser una carga ni dar problemas y creo que ellos no querían tenerlos. Agradecí y agradezco lo que hicieron por mí.

Esto fue muy duro. Fue otro duelo que pasé como pude. Viví la rabia, la tristeza y las diferentes etapas del duelo hasta llegar varios años después a la aceptación de esta separación. Hoy en día me siento en paz aunque siga sin tener contacto con ellos.

Al final yo había formado mi propia familia y era lo más importante de mi vida. Era lo que me compensaba todo el esfuerzo que había realizado y todo lo vivido con el dolor. Años más tarde fue mi marido el que se cansó de vivir pendiente de la enfermedad y esto fue parte de las causas de crisis y separaciones hasta desembocar en el divorcio final.

Ahora mi familia está compuesta por mis tres hijos y doy gracias todos los días por tenerlos a mi lado. Además, complementan mi familia mis queridos primos y mis grandes amistades con los que mantengo una bonita relación. Y, por supuesto, siguen apareciendo personas en mi vida que vienen a formar parte de esa familia.

4. La flor de loto

La flor de loto es una flor de agua cuyas raíces se encuentran en el fango y en el lodo. Se abre por el día y se cierra por la noche sumergiéndose en el agua. A la mañana siguiente, al amanecer, emerge de nuevo sobre el agua sucia y aparece limpia e intacta. Esto es posible por sus pétalos en forma de espiral.

Su semilla es resistente y posee una gran longevidad, no pierde su fertilidad y puede resistir hasta treinta siglos hasta florecer. Ha sido un símbolo de renacer y pureza para diferentes culturas a lo largo de los tiempos.

La cultura egipcia le asignaba a esta flor la virtud de que de ella emergían dioses de la mitología, por ejemplo: como la flor aparecía y desaparecía con el sol se la asociaba a Ra, dios del sol. Además, de la flor de loto emerge un aroma especial por lo que se extraía un perfume muy apreciado por los egipcios y se le asociaba al dios de los aromas, Nefertum.

En la mitología griega existía la leyenda de una diosa con gran belleza que había huido por el bosque llegando a un lugar denominado Loto, lleno de lodo, y allí se hundió. Este lugar estaba destinado por los dioses a las personas que fracasaban. La joven diosa estuvo luchando durante cientos de años para al final conseguir salir entre el lodo convertida en una hermosa flor con toda su esencia y aroma. Esta flor de loto fue un símbolo de triunfo y ejemplo de superación para los griegos.

En la India está asociada a la divinidad, la ilustración, el conocimiento, la riqueza y la fertilidad. A día de hoy es considerada un símbolo nacional. Se asocia a la diosa de la abundancia que aporta pureza, generosidad y prosperidad. Simboliza todo lo bueno y bello.

La flor de loto es uno de los símbolos más antiguos con un significado profundo de pureza, espiritualidad y tranquilidad. Emerge en las peores condiciones, entre el lodo, al que comparo con las adversidades que se nos presentan en la vida.

A pesar de estas circunstancias es capaz de renacer, de resurgir mostrando toda su belleza y esencia. Y ahí está también nuestra belleza interior, en la capacidad de renacer, de resurgir, aunque hayamos caído en terrenos con lodo.

Cuando leí esta leyenda de la flor de loto y lo que representaba me sentí muy identificada al compararla con esa resistencia psicológica capaz de transformar la adversidad en oportunidad y a la que denominamos *resiliencia*.

A través de mis ejercicios de desarrollo personal y de metáforas como la de la flor de loto he sido capaz de identificar esa resistencia, esa fortaleza y esa resiliencia que me sostenían y empujaban cada vez que se complicaba mi trayecto.

Y me he dado cuenta de que es importante reconocer nuestros dones, valorarlos y honrarlos como agradecimiento a lo que han hecho por nosotros. Por este motivo, quiero dar su lugar a los míos en mi mente, en mi corazón y en este libro.

Estos dones con los que he conseguido emerger de la profundidad del lodo tras conocer la derrota, el sufrimiento y la lucha son regalos de la vida que no pueden ser escondidos. Debo compartirlos para que ayuden a otros a su propio resurgir porque estos dones también están dentro de ti y los puedes encontrar y desarrollar.

Descubre tus dones y dales su lugar con agradecimiento. Y no te los quedes para ti, muéstralos y compártelos para contribuir a un mundo mejor.

CAPÍTULO VII:
RESURGIR CON FUERZA

1. REDIRIGIENDO NUESTRO PROPÓSITO

"Tras cada superación, hay una transformación en la que renaces con mayor fuerza hacia tu propósito de vida."

A pesar de las adversidades que se nos presenten siempre tenemos el poder de decidir, de elegir, de ser responsables de hacer algo y de actuar. Debemos darnos tiempo para llorar, poniendo fecha para finalizar ese lloro, y a partir de ahí empezar de nuevo resurgiendo de nuestras cenizas como el ave fénix. Y no digo que sea fácil, solo digo que es posible.

La desesperanza se produce cuando hay un sufrimiento sin un fin y cuando no va seguido de una transformación. Descubrir lo que hay detrás del dolor y el sufrimiento nos permitirá convertir las tragedias en triunfos, encontrar el sentido a la vida y saber por lo que vivir. Nos descubrirá lo que la vida esconde.

El ser humano tiene la libertad de elegir su actitud ante lo que le sucede. Si no podemos cambiar la situación, siempre podemos cambiar nuestra actitud. Ser conscientes de que estar vivos es un lujo y que el espíritu humano tiene un poder desafiante que se crece ante las adversidades y prepara el terreno para poder resurgir.

El sufrimiento con propósito es un logro y ese propósito se convierte en el combustible para llegar a una vida sin ese sufrimiento. Es la oportunidad de convertir nuestras tragedias en un éxito personal.

Es bueno ver los logros que vamos consiguiendo por pequeños que sean, expresarlos y compartirlos desde nuestra humildad y nuestro corazón. Reconocerlos para darles el lugar que les corresponde y compartirlos para motivar a otros a que vayan a por los suyos.

Como ya te indiqué, existen tres necesidades básicas que tenemos que cubrir para estar en pleno funcionamiento y son la libertad, el amor y la seguridad. Cuando alguna de ellas no está en tu vida, porque no la obtienes del exterior o porque no te la das, tu ser se pondrá en alerta. Aparecerán emociones como la tristeza, el miedo y la ira que te informarán de esta carencia. Cuando no tienes amor, aparece la tristeza; si no tienes seguridad, aparece el miedo, y si no tienes libertad, aparece la ira o el enfado.

A veces, una situación desesperante te puede llevar a querer desconectar de la vida. Esta elección se toma cuando no quieres hacer frente a la emoción y a las circunstancias, y te vas apagando. La tristeza, que se queda dentro y no sale, se enquista disminuyendo tu energía.

Cuando surge la ira como emoción ante la desesperación y la falta de libertad, puede impedirte avanzar o, por el contrario, empujarte a la acción y puede ser un inicio de partida para resurgir. Y por falta de seguridad te puede surgir el miedo que te puede llegar a paralizar. En cualquier caso, estas emociones hay que gestionarlas de forma que puedas trascenderlas y realizar acciones para renacer.

Para experimentar cambios en tu vida, puede que quieras verlos primero en los demás, sin embargo, tienes que tener claro que primero debes realizar los cambios dentro de ti para después ver cambios fuera. Ghandi lo expresó con su famosa frase: "Sé tú el cambio que quieres ver en el mundo". Encontrar tu "para qué vivo" es posible. Y para resurgir es necesario tener un propósito que te lleve a sentir que merece la pena vivir.

Víctor Frankl lo deja claro cuando explica en su libro todo lo que sufrió en los cuatro campos de concentración nazis en los que estuvo, uno de ellos el de Auschwitz. Cuenta cómo sobrevivió a la barbarie y cómo resurgió después. Durante su estancia realizó un análisis sobre qué es lo que lleva al ser humano a seguir viviendo en circunstancias tan límites como las que sufrió. Perdió a todos sus seres queridos, entre ellos a su mujer embarazada. Sufrió las mayores torturas y brutalidades que se le pueden hacer a un ser humano, estando a las puertas de la muerte en varias ocasiones. Y, sin embargo, decidió que la vida merecía la pena ser vivida.

Su obra nos transmite la capacidad de las personas para superar adversidades y encontrar un sentido para continuar viviendo, no solo para nosotros, sino también para ayudar a otros.

Ya te referí que para mí hay un propósito en cada etapa de nuestra vida que nos da sentido a la hora de continuar a pesar de las circunstancias del momento. Encontrar ese propósito nos ayuda a marcar la ruta a seguir con motivación y fuerza. Y nos ayuda a elegir la actitud que es necesaria para conseguirlo. Nos da la gran oportunidad de crecer y transcender más allá de nosotros mismos aportando valor a nuestra vida y a la vida de otros.

Y nos da la oportunidad de amar, de amarnos a nosotros y de amar a los demás, como base de nuestro desarrollo y crecimiento. El amor es la base para superar la adversidad y para poder resurgir. Ayudar a los demás desde el amor y la humildad nos ayuda a nosotros a renacer.

Retomar nuestro camino con humildad nos hace ser mejores personas. Nos ayuda a enfocarnos en lo esencial. Nos hace más humanos y a la vez contribuye a nuestra fuerza interior. Y con ella mostramos nuestra bondad. La humildad nos lleva a la sabiduría y a nuestro propósito.

Tras superar la adversidad resurges con más fuerza y con la sabiduría de lo aprendido. Y sientes la satisfacción de haberlo logrado. En el resto de tu vida se presentarán otras crisis, otras adversidades, y contarás con recursos que ya sabes que tienes dentro de ti y con recursos que habrás desarrollado. Ya sabrás qué puedes hacer para no caer al precipicio y tendrás la seguridad de que lo puedes lograr.

Superar una situación crítica en tu vida y resurgir no te asegura que no vuelvas a vivir situaciones similares, sin embargo, si te provees de herramientas con las que trabajar en las nuevas adversidades las superarás con más facilidad.

Tras superar mi gran duelo, realizar mi proceso de desarrollo personal y adquirir el aprendizaje de todo lo vivido he podido subir varios escalones hacia una vida más consciente, sabiendo dónde estoy y a dónde quiero llegar. Y todavía me quedan escalones por subir y niveles que alcanzar porque el desarrollo personal no tiene un final, y la satisfacción que produce cada avance es adictiva. Es un proceso para toda la vida y se va disfrutando con cada logro conseguido.

Poder aplicar todo esto en tu vida diaria y compartirlo con los demás es una labor continua que no se consigue de un día para otro. Vas dando pequeños pasos y en alguna ocasión parece que retrocedes. Forma parte de este juego en el que tu premio es ser cada día mejor. Cuando tienes esos momentos en que caes y te da la sensación de retroceder, no es así, no retrocedes porque ya te levantas más rápido, el sufrimiento es menor y la recompensa de conseguir salir es mayor. El gran regalo final lo obtienes cuando agradeces cada día por lo que tienes, valorando cada amanecer, viviendo en amor, paz, equilibrio y armonía. Esto es la felicidad y esto es el éxito.

2. OBJETIVOS HACIA NUESTRO PROPÓSITO

*"Los objetivos conseguidos nos muestran
el camino hacia nuestro propósito."*

Tener objetivos nos lleva a saber a dónde queremos ir y nos orienta hacia nuestro propósito. Los objetivos nos guían en el camino para comprobar si estamos siguiendo la ruta adecuada o nos hemos desviado. Nos conducen a nuestro propósito y son una referencia en nuestro caminar por la vida.

Cuando tienes presente qué es lo que quieres y por dónde puedes ir para lograr esos objetivos, te encuentras con oportunidades de crecimiento y mejora. Percibes las cosas buenas que te pasan y las maravillosas personas que encuentras en tu camino. Y puedes elegir cómo vivir sin dejar pasar lo bueno que se te cruza. Sabes que estás en el camino hacia tus objetivos cuando sientes seguridad y tranquilidad, cuando no sufres y disfrutas, cuando te sientes en paz contigo, aunque sí te suponga un esfuerzo.

Cuando no sabes hacia dónde te diriges, cuál es tu camino ni aprecias lo que te ofrece la vida, te sientes inseguro, con miedos, con ansiedad y no ves las oportunidades.

Hacer paradas en tu caminar y analizar si vas bien te ayuda a ver lo que has recorrido hasta ese momento, lo que has ganado y por dónde debes continuar. En esa parada conviértete en un observador de ti desde fuera.

Siempre tienes opciones para cambiar en tu camino, tienes derecho a ello. Para cambiar es imprescindible someterse a un proceso de autoconocimiento y de desarrollo personal, sobre todo si quieres experimentar una transformación profunda.

Es un proceso que te lleva a saber hacia dónde te diriges, que te enseña a tener una mente abierta para detectar las oportunidades y a distinguir lo que te acerca o aleja de tus objetivos. Además, te ayuda a dar el primer paso para la acción, motivándote a dar un paso tras otro. Es un proceso para confiar en ti y en lo que la vida te ofrece.

Los objetivos se convierten en sueños realizados cuando llegas a la meta. Esos objetivos deben estar bien definidos y además ponerles fecha en la que tienen que haberse alcanzado. Y a partir de ese momento con tu sueño y la fecha de lograrlo enfocarte en qué vas a hacer cada día para avanzar hacia él. Desde ahí, avanza a realizar las acciones necesarias para lograr tu éxito.

Uno de los combustibles que te da la fuerza para lograr tus objetivos es una buena autoestima. La autoestima te hará sentir que eres capaz, que tienes potencial para llegar a tu propósito aunque no sepas en esos momentos cómo lo vas a hacer.

Al sentir que puedes conseguirlo y que eres capaz, tu cerebro irá tomando decisiones y organizando acciones para llegar. Aprende herramientas y estrategias para iniciar acciones y sabrás los pasos a dar hacía esos objetivos. El "cómo" lograrlos va apareciendo.

La motivación es otra parte fundamental, junto con la autoestima, para lograr esos objetivos. Habrá momentos en los que baje esta motivación y para volver a conseguir que suba te ayudará una actitud positiva y el ser perseverante en tus acciones y planificaciones. Te ayuda a continuar la marcha aunque hayas parado a descansar. Y si en algún momento desaparece esa motivación, sigue con tus planes, volverá a aparecer.

La motivación sube y baja en todas las personas y en nuestro caso es probable que más, debido a los altibajos de la enfermedad o al agotamiento que, en ocasiones, nos puede invadir llevándonos a situaciones complejas.

Mantener la ilusión por conseguir tu sueño y visualizar las emociones placenteras que sentirás cuando lo alcances te servirá para recuperar la motivación perdida. Siempre mirando hacia tu propósito, con él en tu mente, buscando nuevas acciones y con los ojos abiertos a las oportunidades.

Una acción que te ayudará es poner por escrito tus objetivos para lograr tu propósito y ponerles una fecha. Poner un periodo concreto en el que se puedan alcanzar, por ejemplo a un año, y colocar ese papel en un lugar visible en el que lo veas a diario. Es una forma de tenerlos presentes en tu mente y hacer que tu cerebro refuerce las rutas neuronales que te guiarán para saber cómo llegar a ellos. Y poner fecha hará que tu cerebro se planifique para realizar las acciones en ese periodo de tiempo. Al estar tu pensamiento en el objetivo, tu cerebro sabe lo que quieres y te irá mostrando opciones recordándote el para qué haces lo que haces. Además, te pondrá más difícil que procrastines o que te disperses. Puede suponer la diferencia para conseguir el éxito.

Esta fecha debe ser a medio plazo para no quedarte con poco tiempo para conseguirlo y que al no llegar te frustre. Y no la pongas a largo plazo para que no te disperses en tus acciones y te lleve a la desmotivación. Si resulta que tu objetivo es a largo plazo es conveniente dividirlo en objetivos más pequeños, cada uno con su fecha.

Debes ser constante, coherente y seguir lo planificado dando espacio a los cambios que vayas viendo que se necesitan.

Y si llegada la fecha, habiendo trabajado en lo planificado, sin dejar en el olvido tu objetivo, no has conseguido llegar a tu meta, no pasa nada. Date un poco más tiempo. Lo importante es que sigues caminando hacia él y no lo has dejado atrás.

Otra posibilidad que puede darse en esta situación de no llegar al objetivo es que haya habido cambios en el camino porque en tu proceso han aparecido alternativas mejores que antes no veías.

Observa si es así y replanifica adaptando tus acciones a esos cambios y a esas nuevas opciones.

2.1. Pasos para alcanzar tus objetivos:

1. Define tus objetivos de la siguiente forma:

   - *Específicos:* ¿tus objetivos responden a las preguntas: "qué quiero", "cómo lo quiero", "cuándo lo quiero"?, ¿son objetivos concretos?, ¿pueden tener varias interpretaciones?

   - *Medibles:* tienen que poderse medir en unidades, en una cantidad, en un número. Así puedes evaluar tus resultados y el beneficio: ¿cuánto quiero de ese objetivo?

   - *Alcanzables:* ¿los puedes lograr?, ¿tus expectativas son demasiado altas?, ¿conoces a gente que lo haya conseguido? Los objetivos aunque sean arriesgados deben poderse lograr.

   - *Realista:* ¿son realistas para ti y tus circunstancias?, ¿cuentas con los recursos para alcanzar tus objetivos? Si no cuentas con ellos, ¿los puedes conseguir?, ¿dependen solo de ti?

   - *Temporales:* ¿en qué fecha quieres llegar al objetivo? Define bien el inicio y el final del periodo en el que vas a ir a por tus objetivos. Ese periodo no debe ser muy corto porque podría hacer imposible llegar al objetivo, ni muy largo porque se podría dispersar en el tiempo.

   - *Ecológicos:* si consigues los objetivos, ¿en qué te pueden perjudicar?, ¿qué pierdes?, ¿se pueden ver afectadas otras personas?

   - *Recompensa:* los objetivos son un reto que requiere un esfuerzo, por lo que tienes que tener muy clara la recompensa que vas a obtener, saber que merece la pena el coste que vas a pagar por conseguirlos.

Los objetivos deben ser concretos y claros, definidos en forma de comportamientos. También es importante definirlos en positivo. Se trata de hacer una lista, pedir lo que se quiere y ver si se cumplen esos siete requisitos en cada objetivo. Si no los cumple tendrás que redefinirlos. Lo que más suele costar es empezar, los primeros pasos. Escribir esta lista es un buen inicio.

2. Una vez definidos los objetivos te ayudará imaginar que ya los has conseguido. Visualiza cada objetivo como conseguido con el ejercicio de visualización. Recuerda: observa lo que ves, lo que oyes y lo que sientes al imaginar los objetivos cumplidos. Conecta con las emociones que se crean en tu interior: alegría, ilusión, satisfacción, gratificación, paz... Siente esas emociones de forma consciente, llénate de ellas cada vez que respiras. Tu cerebro procesa estas emociones y se activa para que actúes hacia esos objetivos que te dirigen a tu propósito.

3. Ahora toca pasar a la acción. Tus objetivos no vienen solos, las cosas pasan cuando se hace un trabajo, cuando pones en marcha lo planificado dando los pasos que te llevan a tu meta. Si no actúas, lo anterior no habrá servido para nada. Si vas a por tus objetivos suceden hechos que parecen milagrosos porque te ayudan en el camino, y esto solo sucederá si has realizado otras acciones anteriores. Al tener claro lo que quieres conseguir, aunque todavía no sepas muy bien cómo conseguirlo, y empiezas a dar los pasos hacía ello tu mente se abre a todas las posibilidades y ves las oportunidades que se te presentan. Para ver estas oportunidades también te ayuda una actitud positiva y ser agradecido cada vez que vas avanzando consiguiendo pequeños logros.

4. Responsabilízate. Aceptar tus luces y tus sombras te ayuda a mejorar, a avanzar y a lograr tus objetivos. Ten en cuenta que tú eres el único que puedes llevar a cabo estas acciones, nadie lo puede hacer por ti. Eres el único responsable de llevar a cabo tu proceso de crecimiento y de realizar las acciones necesarias para hacer que tu autoestima aumente,

alcance el equilibrio y la aceptación para sentirte una persona capaz y segura.

Cada uno tiene su propio proceso, sus propios pasos y su tiempo para conseguir alcanzar sus objetivos, no te compares con los demás. No te castigues si necesitas más tiempo del que pensabas. Valora todos los logros que has conseguido en el pasado y los que vas consiguiendo ahora en este proceso. Se trata de reconocerte, de tratarte con respeto y de valorarte aunque sepas que tienes aspectos que pueden mejorar. Debes tomar la responsabilidad de esta mejora desde tu valía personal, desde tu comprensión y tu aceptación. Y estar agradecido de ser como eres para, desde ahí, empezar tu proceso de mejora.

3. Una nueva forma de pensar, una nueva forma de vivir

Mientras hay vida hay un camino o varios caminos. Podemos elegir y podemos decidir hacia dónde queremos ir con lo que la vida nos ofrece. Siempre se puede hacer algo que nos lleve a mejorar nuestra situación. Si cambiamos nuestra perspectiva, desde la que observamos lo que nos sucede, podremos seguir adelante hacia nuestros objetivos, hacia nuestro propósito. La esperanza y la confianza son las semillas que nos harán crecer la motivación de cambiar lo que sea necesario para llegar a mejorar nuestra vida.

No te estoy pidiendo que no seas realista con la situación que te ha tocado vivir. Es importante tocar tierra firme y ser sensato con las posibilidades reales sobre las que puedes trabajar. Lo que te sugiero es que seas consciente de tu potencial y de tu capacidad para poder conseguir aquello que te puede hacer mejorar tu existencia y disfrutar de los buenos momentos que se te presenten.

Analizar tus fortalezas y ver las posibilidades de mejora de tus debilidades te ayudará en tu crecimiento personal reforzando tus dones. Ser fuerte, positivo y ver el lado bueno de lo que sucede te llevará a no caer en el victimismo. Y no estoy diciendo que no haya situaciones negativas, que no haya sufrimiento y desesperación en muchos momentos. Lo que te estoy queriendo transmitir es que puedes manejar las emociones poco a poco, sin dejar que te dominen y el victimismo te atrape. Quedarte en el lado oscuro solo te servirá para bloquearte y sufrir más.

Mi intención es animarte a que continúes tu camino por la vida con pensamientos que te empujen y no te frenen. ¿De qué te sirve caer en el victimismo? ¿Te va ayudar a curarte? ¿Te va a llevar a tener una vida mejor? Si te encuentras en este estado de víctima y pena atrapado y no puedes salir busca qué intención positiva tiene el que quieras estar ahí. Encuentra qué te aporta. Como ya sabes, siempre hay algo positivo que nos aportan nuestras emociones, nuestros pensamientos y nuestros comportamientos, aunque sean desagradables.

En este caso, este comportamiento de victimismo te puede aportar algún beneficio del que no eres consciente. Observa y piensa cuál es. Una vez hayas encontrado lo que te está aportando busca otro comportamiento que te ayude a avanzar y que te aporte lo mismo que el comportamiento anterior que te perjudicaba. Encuentra un comportamiento que te ayude a resurgir y que tenga la misma intención positiva que tenía el victimismo.

Además, si te enfocas en cómo resolver los problemas que se te presentan y en saltar o rodear las piedras del camino te ayudará a salir de cualquier estado no deseado y perjudicial.

Otra acción que te va a ayudar a resurgir es estar pendiente de cuándo aparecen tus miedos, no ocultarlos, mirarlos de frente y gestionarlos. Aunque lo hayas hecho antes, los miedos pueden volver a aparecer y ya sabes cómo tienes que bailar con ellos. El miedo estará contigo porque está para protegerte y ya no te pilla de sorpresa por lo que no puede derrumbarte ni paralizarte. Ya conoces tus miedos y utilizas tus herramientas para superarlos. Ya bailas con tus miedos sin luchar, dejando que pierdan fuerza y se vayan. Cuando vuelvan a aparecer volverás a bailar, a abrazarlos, a ser comprensivo contigo y a soltarlos. Recuerda: el valiente no es el que no tiene miedo, sino el que continúa su camino a pesar del miedo.

Y lo mismo pasa con tus vulnerabilidades, aceptarlas y comprender que no son una debilidad te traslada a sentimientos de comprensión y aceptación hacia ti. Sentir tu vulnerabilidad como una fortaleza te hace más humano.

La nueva forma de pensar que vas adquiriendo con tu proceso de desarrollo te lleva a una nueva forma de vivir en la que tú tienes el control y el poder de decidir lo que haces.

A partir de esta nueva manera de interpretar tu realidad serás consciente de tu gran potencial para superar las adversidades y salir hacia delante aún en los momentos difíciles y dolorosos.

Ya sabes, te volverás a caer en tu camino pero tras descansar serás capaz de tomar impulso, levantarte y volver a caminar disfrutando de la nueva oportunidad de poder continuar con la vida. Sabrás que eres capaz de resurgir y brillar.

Si lo que no te gusta de tu vida depende de ti cambiarlo, ponte manos a la obra y hazlo. Para, observa y reflexiona sobre lo que puedes hacer, define las acciones con las que lograrás ese cambio y llévalas a cabo. Y si no depende de ti, acéptalo y sigue hacia adelante poniendo el foco en lo que sí depende de tus acciones.

Cuando estamos bloqueados, con miedo y sumidos en la tristeza nos paralizamos, nos angustiamos y nos sentimos incapaces de continuar. Pero ya tenemos una nueva manera de pensar y una nueva manera de vivir, y sabemos que podemos resurgir.

Cuando pensé la estructura con la que iba a diseñar el libro conecté con mi propósito: enseñar lo necesario para lograr que quien lo leyese pudiera superar las adversidades, pudiera cerrar heridas y ciclos y pudiera resurgir de sus cenizas para conseguir una vida de bienestar en la que florecer y lograr sus sueños. Al ir realizando los pasos que he explicado en el libro podrás ir quitando capas que no te sirven e ir transformando tu forma de pensar, de sentir y de actuar para llegar a una nueva forma de vivir.

No es fácil, claro que no, se necesita un esfuerzo para dar ese primer paso y luego el segundo…, pero una vez que has dado los primeros cada vez es más fácil dar los siguientes. Y cuando logres un pasito celébralo y disfrútalo, así te vas nutriendo de las pequeñas satisfacciones de cada logro que vas consiguiendo.

Es importante saber cómo funciona nuestro cerebro para comprender cómo se va realizando nuestra transformación a lo largo de este proceso. Aunque te he ido dando explicaciones de este funcionamiento voy a volver a darle espacio en este apartado para que tomes consciencia del poder que existe dentro de tu mente.

Nuestro cerebro nos hace funcionar a partir de los programas que se han ido instalando a lo largo de nuestra vida, sobre todo en la infancia. Y a partir de estos programas nos comportamos de determinada forma y sentimos de una manera u otra. Cada pensamiento que tenemos enciende una emoción y envía mensajes a nuestro cuerpo. Si estos pensamientos tienen mensajes negativos, en el cuerpo sentiremos las emociones de miedo, de inseguridad y ansiedad, nos sentiremos muy mal y esto influirá en nuestro comportamiento o conducta. En la mayoría de las situaciones en las que nos paralizamos o no tenemos la fuerza necesaria para afrontarlas nos enviamos mensajes negativos y limitantes con nuestro pensamiento, y el cerebro los recibe activando centros que liberan hormonas de estrés. En esta situación se disparan emociones desagradables y se activan reacciones fisiológicas perjudiciales para nuestra salud y nuestro bienestar. No nos encontraremos bien, tendremos un malestar que es reforzado por los pensamientos con mensajes negativos y se inicia de nuevo el ciclo pensamiento-emoción-pensamiento, en este caso todo negativo.

Si los mensajes que nos decimos son del tipo: "No puedo", "No lo soporto", "Qué mala suerte tengo", sentiremos emociones desagradables e incluso se nos generarán dolores físicos que nos llevarán a una situación de inactividad y a la sensación de caer en un pozo del que es difícil salir.

Sin embargo, si los mensajes que nos enviamos con nuestros pensamientos son positivos se activan en el cerebro los centros del placer y la recompensa que liberan hormonas que producen sensaciones satisfactorias y placenteras generando emociones agradables. Así que tenemos la posibilidad de hacer que nuestro cerebro trabaje a nuestro favor con todo su poder para colaborar en nuestro renacer.

Al entender la relación que existe entre nuestros pensamientos, emociones y comportamientos encontramos la llave para generar los cambios y comprendemos que el poder está dentro de nosotros. Si conseguimos cambiar esos pensamientos negativos por otros positivos, logramos cambiar nuestras emociones desagradables por agradables y podremos llevar a cabo acciones que nos dirijan hacia una vida mejor.

Este proceso requiere tiempo y esfuerzo con un elevado gasto de energía. No te rindas, a veces no se puede realizar solo, se necesita ayuda. Aunque yo lo realicé sola confieso que hubiese sido más fácil si hubiera tenido ayuda para guiarme y acompañarme. Y para eso decidí escribir este libro, para guiarte y acompañarte en tu proceso.

También es importante fijarse en que mantenemos un diálogo interior en el que tenemos continuas conversaciones con nosotros mismos. Y lo podemos hacer de forma consciente o inconsciente. Ese diálogo interior nos lleva a emociones en sincronía con lo que pensamos.

Como el cerebro no distingue entre la realidad y la imaginación, si nuestros pensamientos son sobre hechos o consecuencias negativas sentiremos emociones desagradables. Aunque la situación no haya sucedido ni suceda nuestro cuerpo sufre las mismas consecuencias que si hubiese pasado. Del mismo modo ocurre cuando recordamos situaciones que nos hicieron sufrir y sentir esas emociones desagradables. En el momento en el que las recordamos, el cuerpo siente de nuevo esas emociones tóxicas y perjudiciales para nuestra salud. Una prueba de esto es que ocurre lo mismo cuando soñamos: aunque los sueños no sean reales sentimos las emociones que nos producen y nuestro cuerpo las recibe como reales.

Si pones atención a cómo te sientes, puedes detectar lo que estás pensando en esos momentos. Si observas que estos pensamientos son perjudiciales y te hacen sentir mal, toma conciencia de cuáles son y por cuáles los puedes cambiar para sentirte bien. Sacar a la luz todos esos pensamientos que te hacen daño y te impiden llegar a tus objetivos te ayuda a que no te sigan afectando, y podrás hacer de tu mente tu aliada para que elabore pensamientos positivos y potenciadores. Reconocer la importancia de tener pensamientos positivos te ayuda a realizar ese cambio.

Los pensamientos negativos intoxican la mente y crean un entorno de conflicto en ti y en tus relaciones. Además, te hacen perder energía y te producen debilidad. Es necesario hacer una limpieza de estos pensamientos en tu mente lo antes posible ya que te pueden llevar a perder la autoestima, crear dependencia, entrar en emociones desagrables y llevarte a comportamientos no deseados que te van a hacer sentirte mal.

Si decides enfocarte en tener pensamientos positivos, encontrarás soluciones ante las adversidades y la forma de salir adelante, aunque al principio no la veas. Los pensamientos positivos te dan fuerza y te proporcionan las capacidades necesarias para saltar los obstáculos. La mente tiene un poder increíble para crear tu realidad y puedes decidir utilizarlo a tu favor o en tu contra.

Cultivar pensamientos positivos hará que se refuercen las rutas neuronales que llevan a la activación de los centros que liberan hormonas del placer. La repetición de pensamientos positivos y emociones agradables hará que se conviertan en una forma de pensar y sentir automática llevando a comportamientos deseados también automáticos. Esta es la transformación que se produce a nivel neurológico en el cerebro. Para conseguir esa transformación hay que trabajar sobre nuestras creencias, valores, pensamientos, emociones y comportamientos. El premio es una nueva forma de vivir eligiendo tu bienestar.

El poder de elegir cómo queremos vivir, cómo queremos relacionarnos y cómo queremos responder ante las diferentes situaciones que nos tocan es parte de nuestra libertad. Si nos dejamos llevar por la emociones que nos hacen sentir mal, teniendo comportamientos reactivos que nos perjudican, perdemos esta libertad de elegir. Elegir el amor, la paz y no permitir que nada ni nadie nos saquen de esas emociones nos fortalece. Lograremos aceptar a cada persona como es, sin luchar y elegir desde nuestra libertad con qué personas estar y en qué situaciones vivir.

La finalidad de todo esto no es dejar de pensar, es controlar nuestros pensamientos de manera que nos ayuden a avanzar en la dirección adecuada para que seamos felices.

Sé que cambiar estos pensamientos negativos a positivos en una situación de desesperación y sufrimiento te puede parecer casi imposible. Recuerdo las situaciones en las que vivía con esa sensación de tocar fondo y por mucho que intentaba cambiar mis pensamientos era incapaz. ¡Cuánto sufrimiento durante cuánto tiempo! La desesperación y el desasosiego aumentaban cuanto más lo intentaba. Terminaba tomando algún tipo de tranquilizante, natural o farmacológico, que me ayudara a soportar estar en el fondo del precipicio sin poder subir.

Con mi proceso de crecimiento logré superar esta situación y volví a resurgir. Y en esta ocasión había una diferencia con las anteriores. Además de mi fuerza interior tenía paz, amor y aceptación hacia quién era y hacia todo lo que había descubierto de mí y de mis capacidades. Era consciente de mi transformación y de mi camino de desarrollo, sabiendo que este maravilloso proceso durará mientras viva.

Nuestros pensamientos nos llevan a tener la vida que deseamos si nos esforzamos en realizar ese trabajo. Y nuestras emociones nos ayudarán en nuestro bienestar si las sabemos gestionar. Y, repito, requiere esfuerzo, pero con la práctica se consigue.

4. LOS SUEÑOS POR CUMPLIR

*"La perseverancia hace que lo
imposible se transforme en posible."*

Los extremos no suelen ser buenos. Tanto pensar que todo depende del destino como que somos capaces de hacer lo que queramos, sea lo que sea, está fuera de la realidad. Lo importante es llegar a un equilibrio que nos ayude a avanzar en la vida.

Debes reflexionar sobre tus posibilidades reales en tus circunstancias. Y desde ahí te animo a soñar, a creer que puedes conseguir lo que deseas, a querer realizar acciones para avanzar y vivir una vida plena.

Consiste en saber desde dónde partes y hasta dónde quieres llegar dentro de la situación en la que estás. Ir paso a paso, abriendo pequeñas puertas que te conducirán a hacer cada día un poco más.

Y desarrollar capacidades que en un principio no pensabas que podías tener. Es como ir al gimnasio y entrenar poquito a poquito pudiendo hacer cada vez un ejercicio más. Sin exigencias que te hagan daño, sin lesionarte, con comprensión y compasión. Y sin rendirte. Entrenando para nuevas oportunidades que te van a surgir en tu nueva vida.

Piensa que la enfermedad no es un impedimento para soñar. Solo es un condicionante que puede hacer que reformules tus sueños y los adaptes a tu situación sin dejar de soñar.

También es importante que tomes conciencia de los sueños que has cumplido hasta el momento por pequeños que hayan sido. Esos que te muestran de lo que eres capaz, cómo los conseguiste lograr y qué recursos sacaste de tu interior en esos momentos. Es una forma de conectar con tu fuerza para empezar a caminar hacia lo sueños que te quedan por cumplir.

Y como siempre, para llegar a tus sueños, te invito a que los visualices para luego marcarte el camino con las acciones que te van a hacer llegar a ellos. No olvides pasar a la acción, dar pasos hacia tus sueños para recoger tu fruto.

Y, por supuesto, te tienes que responsabilizar de lo que tienes que cambiar para dirigirte hacia lo que deseas. Debes tomar decisiones y el control de tus actos para salir de las situaciones que no te hacen sentir bien y elegir otras que te llevan al bienestar.

Puede que para lograr tus sueños necesites ayuda. No te sientas débil por ello, al contrario, si necesitas ayuda y la pides es una actitud valiente e inteligente. Encontrar quien te guíe hará que no te estanques en la fase de imaginar qué sería de ti si se cumpliera ese sueño, y te ayudará a pasar a la acción.

Es muy importante aprender a pedir ayuda y dejarte ayudar. Si no consigues avanzar y te quedas anclado al sufrimiento, a pensamientos negativos y a emociones desagradables, entrando siempre en el mismo bucle, puede que te falten herramientas que no conoces aún y que tengas que aprender.

Cambiar tu forma de pensar hacia todo aquello que te hace crecer, sentirte bien y vivir en paz te lleva a una actitud de enfocar la mirada en la belleza de la vida y en la gratitud.

Llevar a cabo las acciones que te dirigen a tus sueños y con las que vas consiguiendo pequeños logros te va fortaleciendo para la siguiente acción planificada y te motiva para continuar.

4.1. Creer para crear

Ya sabemos del poder que tienen nuestros pensamientos y la fuerza que tienen nuestras creencias para crear nuestra realidad. Todo lo que creemos sobre nosotros, sobre los demás y sobre la vida nos condiciona y crea lo que se nos presenta. Creamos aquello en lo que creemos.

Viviendo con una enfermedad seremos aquello que creamos que somos. Nuestras creencias desde nuestro inconsciente condicionan nuestras actitudes, pensamientos, emociones, comportamientos y nuestra autoestima. Y condicionan nuestra respuesta o reacción a lo que nos acontece. Por lo tanto, también condicionan nuestra respuesta ante la enfermedad. Según lo que creamos así actuaremos y así crearemos nuestra realidad para bien o para mal.

Si identificamos y eliminamos de forma consciente nuestras creencias limitantes, aquellas que nos van a bloquear y a hacer sufrir, e implantamos creencias potenciadoras, utilizaremos ese poder para crear una nueva realidad con actitudes y comportamientos que nos lleven a integrar la enfermedad, sus necesidades y a la vez vivir con bienestar.

Cuando la vida nos pone en situaciones límite es cuando descubrimos hasta dónde somos capaces de llegar. Si damos el primer paso con la confianza de que podemos lograr superar esas situaciones y creemos en nosotros, iniciaremos la creación de nuestra nueva realidad. Y en esa nueva realidad estarán nuestros sueños. El mismo poder que creó nuestra realidad pasada basada en nuestras creencias limitantes es el poder que nos hará crear la nueva realidad basada en nuestras nuevas creencias potenciadoras.

La confianza que necesitamos para conseguirlo procede del resultado de nuestro trabajo de autoconocimiento personal y de nuestra nueva forma de pensar. Cuidar nuestro diálogo interior y amarnos hará más fácil el camino.

Al creer desde la confianza formamos nuevas creencias y creamos nuevas realidades. La confianza en la vida y en uno mismo junto con el amor nos ayudará a lograr nuestros propósitos.

Si no lo crees no lo lograrás. El no creer te lleva a no dar los pasos necesarios para lograrlo, te paraliza, te produce inseguridad en tus posibilidades y te lleva a no actuar.

Si crees que puedes, pondrás en marcha las acciones necesarias para conseguirlo. Disfruta del proceso, aprende de lo que vas haciendo tanto si sale bien como si no te sale, y sé responsable de tus actos. Celebra tus pequeños logros y aumentará tu confianza en tus capacidades.

4.2. Querer es poder

El cambio que queremos en nuestra vida lo creamos cada uno con nuestra propia voluntad de cambiar lo que ya no nos sirve y lo que nos hace sufrir. Somos responsables de nuestra propia transformación.

De la misma manera, somos responsables de realizar los cambios que necesitamos para lograr vivir en paz y con alegría con nuestra enfermedad. Disfrutando de cada momento agradable que se nos presenta, exprimiendo la vida que se nos regala y agradeciendo cada amanecer.

Si quieres, puedes. Te ayudará la fuerza interior que te lleva a superar las adversidades y a hacer frente a los retos. Esa fuerza que te impulsa a levantarte tras cada caída, a no perder la esperanza y a mantener la confianza en que la vida te trae situaciones para aprender y avanzar. Sé perseverante, saca conclusiones positivas de lo que te acontece y actúa en base a lo aprendido.

Avanzar a pesar de los miedos, transcenderlos y enfrentarte a los desafíos que te pone la vida, amando lo que haces y creyendo en que lo vas a lograr, te llevará al cambio que quieres para llegar a la vida que deseas.

Si tienes un propósito, pero crees que no puedes lograrlo, estás creando el caldo de cultivo ideal para no llegar a él.

Si unes tu propósito con tu fuerza de voluntad, con tu firmeza y con una meta clara puedes conseguir aquello que considerabas imposible. El esfuerzo que te puede llevar este proceso se ve atenuado por tu visión de conseguir algo que está por encima del dolor y de la enfermedad. La recompensa llega al cruzar la meta.

Si no puedes cambiar la situación que te ha tocado vivir, el reto es cambiar tú para adaptarte a esa situación y lograr seguir viviendo con amor, alegría y confianza. Lo que deseas lo lograrás levantándote cada vez que caigas y volviendo a intentarlo de nuevo. La fuerza para lograr tus sueños está dentro de ti y tienes que querer lograrlos para conseguirlos.

CAPÍTULO VIII: CONSIGUE LA VIDA QUE DESEAS

1. Sobrevivir no es vivir

llegar a ver el sufrimiento y los cambios que nos trae una enfermedad o cualquier otra adversidad como el inicio de un gran cambio es muy difícil, sobre todo cuando estamos en medio de la tormenta. Pero cuando salimos de ella y vamos avanzando viendo el cielo más despejado nos damos cuenta de que sí hay cosas en nosotros que han cambiado para mejor. Desde la adversidad, el miedo, la incertidumbre y la vulnerabilidad se inician las transformaciones más profundas que nos llevan a vivir nuestra vida con plenitud. La vida te va mostrando lo que esconde si estás dispuesto a verlo.

Al principio, en el tsunami, la mezcla de rabia y tristeza nos hace sentir confusión y tenemos la sensación de ser injustamente tratados por la vida. Es el inicio del camino, y en este inicio podemos empezar a elegir cómo lo queremos recorrer. El primer tramo estará envuelto por el tsunami de emociones y por el caos, no importa, toca vivir esa parte hasta que se vayan asentando estas emociones. Tenemos que permitir que se coloquen y escucharlas para decidir que hacemos a partir de ese momento. Decidir cómo elegimos continuar nuestro camino, si queremos ser simples espectadores de nuestra vida sobreviviendo o queremos vivir de forma plena siendo los protagonistas, eligiendo nuestro papel en nuestra película.

Una enfermedad para el resto de nuestra vida nos hace sentir inseguros, dependientes de otras personas e insatisfechos, sobre todo cuando no mejora la enfermedad o hay recaídas. Aunque, si tenemos en cuenta que no somos nuestra enfermedad y que siempre hay opciones para darle sentido a nuestra existencia encontramos la forma de elegir vivir y no de sobrevivir. Podemos elegir agradecer por lo que sí podemos hacer y por lo bueno que tenemos.

Tú eliges aceptarte tal y como eres, con tu enfermedad, o perderte el resto de tu maravillosa vida. En lugar de mantener la rabia o la tristeza por haber perdido un pasado sin enfermedad te puedes parar a valorar lo que ahora tienes y a cuestionar las creencias y valores que hasta el momento has tenido, seleccionando lo que te sirve y lo que no.

Cuando te surge un problema, la opción es pensar en las soluciones que tienes para poder elegir las más ventajosas, sabiendo que todo tiene sus ventajas e inconvenientes. Si te equivocas en el camino y te tropiezas, no pasa nada, es parte del juego de vivir. Cometer errores es algo normal en todos los seres humanos y no tiene nada que ver con tu valor como persona ni con tu identidad. Al contrario, los errores son grandes aprendizajes para seguir y hay que agradecerlos.

Elegir vivir a pesar de las adversidades, por muy duras que sean, te da la libertad que necesitas cubrir como persona y te abre las puertas a una nueva forma de existir.

Cuando tomas conciencia de esta opción vas encontrando la manera de avanzar. Abres los ojos y ves lo que no veías antes. Las opciones que son para ti se manifiestan, y tu asombro ante lo maravilloso de la vida te hace sentir que es verdad, que hay algo más que estaba escondido y no conocías. Realizar un proceso de desarrollo personal ayuda a que esas puertas se abran. En esta toma de conciencia tu cerebro crea caminos para conseguir que disfrutes de una vida plena, se fortalecen las nuevas rutas neuronales creadas por tu decisión de vivir y diriges tu propia orquesta. A través del proceso aprendes a utilizar el poder de tus pensamientos y emociones a tu favor y creces como persona. Hay una forma de conseguir vivir felices a pesar de lo que nos suceda.

2. LA FUERZA DE LA RESILIENCIA

"Hacer frente a las adversidades y aprender de ellas forma parte de la sabiduría."

La resiliencia, como ya te he mencionado, es la capacidad innata que tenemos todos los seres humanos para superar las adversidades que se nos presentan en la vida y salir reforzados. En estas circunstancias difíciles o traumáticas tenemos la capacidad de desarrollar recursos que están dentro de nosotros y no lo sabíamos, porque no habíamos tenido que recurrir a ellos.

La resiliencia está en nosotros desde que nacemos y dependiendo del entorno, de la forma en que nos hemos criado y de nuestra manera de interpretar el mundo seremos personas más resilientes o personas a las que les cuesta superar las adversidades quedándose en el victimismo y en la negatividad. Sin resiliencia seremos personas que viven las crisis desde la resignación, el victimismo y la desesperación.

La opción de ser resiliente la eliges tú. Está en tu mano elegir cómo quieres vivir tu vida ante cualquier adversidad. Tu forma de vivir dependerá de la elección que hagas. Y tranquilo, porque, si en algún momento la elección por la que optas no es buena para ti, siempre la puedes cambiar por otra que sí lo sea. Ya sabes que los errores son aprendizajes y tienes el derecho de cambiar lo que quieras.

Eres el único que tiene el poder de elegir tus pensamientos, en qué te quieres enfocar y lo que es de verdad importante en tu vida.

2.1. Cómo desarrollar la resiliencia

La resiliencia siempre se puede desarrollar y aquí tienes unas recomendaciones para lograrlo.

- *Ejercicio de resiliencia:*

  1. *Acepta* que en la vida te suceden situaciones que no son como quisieras o habías previsto. Sucede lo que sucede, no puedes cambiarlo y hay que seguir adelante. Y entiende que el problema no es lo que te pasa, sino cómo decides actuar ante lo que te pasa. Una vez superadas las primeras etapas del proceso de la enfermedad (o de cualquier otra adversidad) y cuando ya eres consciente de que va a estar ahí, quieras o no quieras, deja de quejarte. La realidad de que la enfermedad está en tu vida es la que es y no la puedes cambiar porque no depende de ti. Quedarse en la queja no te ayuda, al contrario, te hace sentir peor y no te deja salir de ese estado de victimismo. Aceptando la realidad y poniendo el foco en lo que sí depende de ti podrás seguir en tu camino: ¿qué puedes hacer para que tu vida mejore?

  2. *Adáptate al cambio con una actitud positiva.* No tengas miedo a los cambios porque forman parte de la vida. No veas los cambios como un riesgo, sino como una oportunidad de vivencias y aprendizajes nuevos para avanzar y crecer. Adopta una actitud de flexibilidad ante la aventura de vivir. Piensa que las crisis que se te presentan son oportunidades. Cuando aparece la adversidad se inicia una crisis en la vida que te lleva a reflexionar, a sacar de ti capacidades y recursos que no sabías que tenías, a desarrollar tu mayor potencial y a superar tus límites. Es una oportunidad de desarrollo personal y espiritual que te llevará a ser mejor. Cuando hablo de desarrollo espiritual no me refiero

a ninguna religión. Es una parte interior a la que accedes, que te conecta con tu esencia y te conduce al bienestar y a la paz. Conectar con tu esencia te lleva a confiar en la vida sabiendo que te aparecerán oportunidades fantásticas y lo mejor para ti.

3. *Conviértete en un observador de ti y da menos importancia a lo que te sucede.* Tomar distancia ante la situación y verla desde fuera, como un observador, te dará otra visión de lo que está pasando. Te permitirá regular las intensas emociones que te invaden en esos momentos. En cuanto las sientas para, respira y conviértete en ese observador exterior para reflexionar y relativizar.

4. *Sé quien tú eres.* No te esfuerces en ser otra persona distinta ni en intentar complacer a otras personas. No gastes tus energías en querer ser aceptado por los demás. Muestra tu autenticidad y desarrolla la asertividad. Expresa tus sentimientos, deseos y opiniones, respetando lo que tú quieres y sin ofender a otros. Di "no" cuando quieras decirlo respetando tus derechos y los derechos de los demás. No dejes que la situación te lleve a realizar comportamientos que tú no quieres y que no son buenos para ti.

5. *Cuídate y cuida* las relaciones familiares, sociales y de pareja que te aportan amor a tu vida. Cuidarse uno mismo y también preocuparse por los demás nos fortalece. Tener relaciones personales es muy importante para llevar una vida feliz. Somos seres sociales que necesitamos relacionarnos y tener una vida social. Cultivar nuestras relaciones nos ayuda a superar estos momentos difíciles. Se recibe lo que se da, es parte del equilibrio de la vida.

6. *Sé consciente* de tus puntos fuertes, de tus capacidades y de lo que te hace sacar tu fuerza interior. Seguro que estos recursos te han ayudado en ocasiones, en el pasado, a superar otras situaciones difíciles. Vuelve a sacar todo ese potencial para seguir adelante, recuerda en qué momento

recurriste a ese poder y te sirvió, y cógelo de nuevo como si fuera una herramienta para tu avance.

7. *Busca soluciones ante la adversidad.* Los problemas también forman parte de la vida. Habrá etapas en que tengas menos problemas y otras en las que aumenten. Comprender que de esos problemas surgen lecciones de vida para aprender, crecer y ser mejor desarrolla nuestra resiliencia y nos da la motivación para buscar soluciones a esos problemas.

8. *Reencuadra de nuevo tus objetivos en tu nueva vida.* Encuentra tu actual propósito de vida. La enfermedad u otra adversidad te lleva a replantearte qué es lo quieres, qué haces aquí, para qué quieres seguir adelante, cuál es tu propósito. Al final el único camino para renacer es volver a creer en ti y redirigir tus pasos hacia ese propósito.

9. *Persevera y no tires la toalla.* Ante las adversidades es normal que en determinados momentos te surja el deseo de rendirte y no poner más esfuerzo en salir de esa situación. Superar ese deseo de no continuar esforzándote contribuirá a que desarrolles tu capacidad de superar las adversidades.

10. *No emitas juicios* y que no te afecten los juicios de los demás hacia ti.

11. *Confía en ti.* Alimenta tu autoestima y potencia tus capacidades, es fundamental para conseguir desarrollar tu resiliencia. Pon el foco en el presente, en tus objetivos, en tus capacidades y logros así tendrás una base para una autoestima fuerte. Y confía en que se puede salir de la adversidad y florecer.

3. Autoestima saludable

La autoestima es una valoración de nuestro ser, de nuestras habilidades y de nuestras capacidades. Es nuestro amor propio. Esta valoración subjetiva nos influye en las relaciones con nosotros mismos y con los demás.

La autoestima saludable tiene como base la capacidad para conocernos, para aceptarnos y para valorarnos. Con una autoestima saludable somos capaces de reconocer nuestras fortalezas y nuestras debilidades dentro de la realidad, y a la vez aceptarnos y reconocernos como merecedores de todo lo mejor.

Si nuestra autoestima no es buena, tendremos dudas, miedos, inseguridades, nos sentiremos inferiores y nos bloquearemos ante las crisis. Si es fuerte, lo que la vida nos presenta lo vivimos mejor y ante las adversidades o cambios inesperados seguimos adelante, aunque aparezcan miedos e inseguridades sabemos qué hacer con ellos.

Nuestra autoestima se formó durante la infancia, al recibir información continua sobre nosotros de nuestros padres, familiares más cercanos, profesores y otras personas de nuestro entorno. Heredamos y aprendemos creencias, formas de pensar, de sentir y de comportarnos, y adquirimos valores. Todo ello forma parte de los programas que se quedan en nuestra mente.

Estos programas unidos a nuestras propias experiencias e interpretaciones están dentro del adulto con el que nos identificamos. Si estos programas y las creencias que vamos incorporando en la infancia son limitantes, al llegar a la vida adulta pueden hacer que nos comportemos como víctimas o que tengamos un comportamiento activo fuera de lo normal, que intenta compensar para que no se vean esas limitaciones en las que creemos. En este caso, las tapamos y realizamos un gran esfuerzo en todo lo que hacemos para ser fuertes y capaces, y que nadie se dé cuenta de que dentro tenemos esas creencias limitantes. Cuando descubrí la razón de ese comportamiento, entendí también una parte de mi fuerza.

Cuando en la infancia hay grandes carencias afectivas nos hacen tener un bajo concepto de nosotros mismos. Estas carencias son una de las bases que nos puede llevar a una dependencia emocional de otras personas en la vida adulta. Si de repente nos llega una enfermedad crónica, nuestra autoestima se puede ver mucho más dañada. A esas carencias afectivas ya existentes se une la enfermedad y la dependencia emocional con otras personas puede llegar a ser tan fuerte que nos autodestruya.

Detectar esos programas que están en tu mente y que te limitan, ser consciente de ellos y trabajar para cambiarlos te ayuda a ser auténtico, a aceptarte, a respetarte y a mejorar día a día. Es primordial en tu proceso de crecimiento personal realizar este trabajo. Por este motivo, al principio del libro aconsejo trabajar las creencias limitantes y los valores. El trabajo con tus creencias es el inicio para trabajar tu autoestima.

También puede suceder que se tenga una autoestima buena porque desde pequeños se haya recibido la información correcta para ello o porque ya se haya trabajado en ella y se haya conseguido. En este caso, es importante tener en cuenta que la autoestima no se mantiene durante toda la vida en el mismo nivel. Según las circunstancias y experiencias la autoestima puede aumentar o disminuir, podemos tener una autoestima fortalecida y de repente por una adversidad se ve debilitada.

En todos los casos es importante trabajar la autoestima aprendiendo cómo conseguir tener una autoestima fuerte, saludable y equilibrada para lograr mantenerla ante cualquier hecho que te la haga tambalear. Así sabrás qué puedes hacer para tener una autoestima con la que sientas el poder de tomar el timón de tu vida ante cualquier marea. Una autoestima que te ayude a estar en tu centro y con la que no te sientas por encima ni por debajo de nadie.

Una vez que has conseguido aprender a mantenerla, cuando llegue alguna adversidad serás consciente de cómo afecta a tu autoestima y con los recursos que tienes y los que has aprendido, puedes volver a estabilizarla.

Cuando se presenta la enfermedad nos hace sentir vulnerables, diferentes a cómo éramos antes y con más miedos. Nuestra autoestima se ve afectada y cae. Es parte del proceso que empezamos a vivir desde que nos alcanza el tsunami. Y hay que empezar lo antes posible a fortalecer esa autoestima. Podemos conseguir, tantas veces como lo necesitemos, tener una buena autoestima con las herramientas adecuadas. Recuerda que la autoestima es una energía que nos dirige hacia la realización de nuestros sueños y por lo tanto tiene que ser una de nuestras prioridades lograr su equilibrio.

Mi autoestima se derrumbó por completo en mi segundo rechazo junto con el hecho de que mi matrimonio hacía aguas y que mi vida laboral se había parado. Toqué el fondo del precipicio del que te he hablado. Y uno de los pensamientos en bucle que se insertaron en mi mente fue que cómo yo, una persona fuerte que había superado ya tantas adversidades, podía sentirme así. Comencé a dudar de mi autoestima anterior y a pensar que me había engañado con respecto a mí misma.

Cuando en mi proceso descubrí que tenía una creencia limitante que no era cierta fue una liberación. Creía que la autoestima era siempre la misma, que era parte de la personalidad de cada uno y que una vez que era fuerte ya podía con todo y no cambiaba. Y comprendí que no era así. Aprendí que la autoestima podía subir o bajar con las adversidades. Supe que en ocasiones seríamos capaces de superar la adversidad sin que nuestra autoestima se viera dañada y en otras ocasiones la autoestima se vería tocada y hundida.

Tomar conciencia de esto y saber que tenía recursos para recuperarla fue, además de liberador, potenciador. Me di cuenta de que era normal que mi autoestima estuviera tocada en mi situación y dejé de sentirme angustiada para pasar a la acción y fortalecerla.

Lo importante en cualquier experiencia que nos toque vivir es que cuando nos damos cuenta de que nuestra autoestima se debilita sepamos qué hacer y qué herramientas usar para darle fuerza. De esta forma, podremos recuperar el equilibrio cuanto antes. Aprender a gestionar lo que nos perjudica y entender lo que nos afecta nos ayuda a tomar acción. A partir de ahí, podemos seguir adelante hacia una vida satisfactoria.

Una buena autoestima te hace sentir capaz de continuar a pesar de que tengas problemas, traumas y situaciones difíciles. Y saber que puedes recuperarla cuando se debilita es parte del éxito de tu desarrollo. En este punto, te sientes valioso y merecedor de lo bueno de la vida, de recibir amor y de que te sucedan cosas maravillosas. Aceptas que hay situaciones que no dependen de ti y diriges tus fuerzas a lo que sí depende de tus actuaciones y actitudes. La seguridad y la confianza son fundamentales en la vida y una buena autoestima va de la mano de ellas.

- *Test de autoestima:*

Para saber en qué estado se encuentra tu autoestima puedes responder a las siguientes preguntas:

1. ¿Te comparas con otras personas y te sientes mal, te sientes inferior?

2. ¿Quieres conseguir el reconocimiento de los demás?

3. ¿Te cuesta tomar decisiones y dudas a la hora de elegir?

4. ¿Te cuesta decir que "no" a algo que no quieres hacer?

5. En tu trabajo, ¿sientes que los demás lo hacen mejor que tú?

6. Cuando te miras al espejo, ¿cambiarías muchas cosas o todas?

7. ¿Te da miedo quedarte solo?

8. Cuando estás con gente, ¿crees que se aburren contigo?

9. Cuando te critican, ¿te sientes inseguro?

10. ¿Repites pensamientos sobre lo que has dicho o hecho mal o lo que deberías haber hecho mejor?

11. ¿Crees que no mereces que te pasen cosas buenas?

12. ¿Crees que no mereces que te quieran?

13. En tu entorno familiar, ¿crees que no te tratan como te mereces?

14. Cuando conoces a personas nuevas en tu vida, ¿lo pasas mal porque sientes que no les vas a gustar?

15. ¿Te cuesta expresar tus sentimientos y emociones?

16. ¿Temes que te puedan hacer daño y te proteges?

17. ¿Sientes que no eres capaz de conseguir cosas o retos que te gustaría alcanzar?

18. Si te trata mal alguien que quieres, ¿lo toleras y te callas?

19. ¿Tienes conductas celosas con tu pareja por tener a una imagen negativa de ti?

20. ¿Te criticas con facilidad y te autosaboteas?

21. En situaciones adversas y difíciles, ¿sientes ansiedad y miedo?, ¿te paralizan estas emociones?

22. ¿No te aceptas tal y como eres?

Si a la mayoría de las preguntas has contestado que *sí*, necesitas reforzar tu autoestima. No te desesperes, se consigue con técnicas y práctica. Casi todos —o todos— pasamos por etapas de baja autoestima y más cuando se pasa por el trance de una enfermedad; ten la seguridad de que puedes reforzarla.

Tener una buena autoestima no quiere decir que ya no vayas a tener miedos ni a sentir inseguridades o a sentirte mal en determinados momentos. Significa que tienes herramientas para conseguir mantener en equilibrio tu autoestima. Significa que ante esas circunstancias, antes esas emociones y sensaciones que te surgen y te hacen caer, te vuelves a sentir capaz y reconoces tu fuerza y tu valía para resurgir.

3.1. Cómo tener una buena autoestima

Ahora que sabes qué es la autoestima y entiendes en qué consiste, puedes efectuar los cambios que necesites para fortalecerla. Hay varias partes de ti que puedes trabajar para conseguir una autoestima saludable:

- *El autoconcepto*

  Es el conocimiento propio de todas tus partes, la parte crítica, la perfeccionista, la depresiva, la victimista, la alegre, la optimista… Detecta cómo se comunica cada parte contigo y en qué situación aparece cada una dependiendo de las circunstancias. Este es el primer paso para trabajar tu autoconcepto y conseguir que sea sano y potenciador.

  Sentirte capaz de poder conseguir lo que quieres y sentirte una persona valiosa son dos pilares fundamentales para que tengas un autoconcepto positivo. Y dependiendo de este autoconcepto, así te relacionarás con los demás y con las situaciones que te suceden. Darte cuenta de cuál es tu potencial y cuáles son tus capacidades, sin limitarte por la enfermedad u otra adversidad, te llevará a avanzar y a lograr tus sueños.

Sentirse valioso es sentir que te mereces lo que quieres conseguir, que eres una persona digna de que te pasen cosas buenas, que puedes mostrar tu autenticidad siendo tal y como eres, y que te mereces recibir amor.

- *El autorrespeto*

Para sentirte una persona valiosa es fundamental el respeto a ti mismo. Y para aumentar ese autorrespeto lo primero que hay que hacer es conectar con tus creencias y ver si te están limitando o potenciando. Cuando nos respetamos más también logramos que los demás nos traten con respeto.

- *La autoimagen*

Es otro componente a trabajar para sentirte valioso y tener una buena autoestima. En general, en nuestra sociedad estamos condicionados por creencias y cánones de belleza que tienen que ajustarse a lo que se considera socialmente aceptado, dando lugar a problemas de autoimagen. En nuestro caso, a esta situación se une el hecho de tener la enfermedad que puede caer como otra pesada mochila en ese concepto que ya teníamos de nosotros mismos. Por todo ello, dejamos de poner el foco en las cualidades que nos hacen reconocer nuestro valor y que somos capaces y especiales.

Hay que tener en cuenta que no podemos transformar las características físicas que están determinadas por nuestra genética o que pueden verse afectadas por una enfermedad o traumatismo. Ante esto nos quedan dos opciones:

- *Aceptación:* cuidándonos, queriéndonos y permitiéndonos ser como somos a la vez que vamos mejorando hacia una mejor versión.

- *Rechazo:* nos llevará a no querernos, a tratarnos mal, no cuidarnos, y elegir comportamientos que nos autodestruirán. Esta elección afectará a todas las áreas de nuestra vida.

¿Qué eliges tú? Esa elección está en tu mano. La aceptación de tu cuerpo te lleva a agradecer que sigas teniendo la posibilidad de disfrutar de la vida y que tu organismo siga funcionando aunque necesite ciertos cuidados y ayuda. Tratarte bien y cuidarte con la alimentación adecuada para tu enfermedad, realizando el ejercicio físico apropiado para ti, manteniendo el peso óptimo, con la higiene adecuada, durmiendo de siete a nueve horas diarias y siguiendo los consejos médicos contribuirá a lograr tu buena autoestima, además de lograr una buena salud.

- *La autorreflexión*

  Reflexionar sobre nuestros comportamientos y por qué los realizamos nos ayudará a dejar hábitos insanos y conductas que no nos benefician llevándonos, de esta forma, a la aceptación.

Todos merecemos ser amados, valorados y respetados como seres humanos, con independencia de nuestra salud, de nuestras posesiones y de nuestros éxitos profesionales. Y, sobre todo, independientemente de nuestros errores. Todos tenemos en nuestro interior un enorme potencial y capacidades para vivir la vida con seguridad y confianza consiguiendo así una autoestima saludable. Con ella conseguiremos crecer y mejorar.

Cuando tienes una buena autoestima sabes qué capacidades tienes, sabes que eres tan valioso como el resto de los seres humanos y agradeces todo lo que tienes. Conseguir fortalecer tu autoestima te ayudará a continuar tu camino sin que la adversidad sea un límite para tu propósito de vida.

Las personas con buena autoestima saben lo que quieren y no dudan de poder conseguirlo. Se mueven con perseverancia hacia la dirección de los objetivos que quieren lograr. Y vuelvo a insistir por lo importante que es esta creencia potenciadora: "Todos disponemos del potencial y las capacidades para conseguir una autoestima fuerte". Tú también. Con esfuerzo y los ejercicios necesarios puedes conectar con ese potencial y desarrollarlo.

Así que, para conseguir tus objetivos y vivir sin que la enfermedad te condicione en el camino hacia ellos tienes que trabajar la autoestima, desarrollar al máximo tu potencial y permitirte tener esos sueños en la mente.

Confía en ti. No veas la enfermedad como una maldición, sino como una aliada que te ha llevado a ocuparte de ti para lograr la transformación que te hace sacar tu mejor versión. Si vives el presente agradeciendo cada situación que nos presenta como un regalo con un propósito claro y dando los pasos necesarios para llegar a él, obtendrás éxito y bienestar en la vida.

Aprender a pedir la ayuda necesaria es otro gran paso para lograr una buena autoestima, y sé que me repito. No debemos vivir en el dolor, en la tristeza, ni en la resignación. Hay una salida y hay otra forma de vivir. Esa ayuda puede que la podamos obtener de nuestro entorno. O puede que no porque no sepan cómo hacerlo. En este caso, no dudes en pedir ayuda profesional, no te quedes ahí, haz lo necesario para salir y avanzar.

Un cambio repentino como es una enfermedad que estará en tu vida para siempre —o para un largo periodo— te hace caer y te lleva a replantearte tu existencia. Esto forma parte del proceso y no es ser víctimas. Es una autorreflexión para aceptar y seguir. En lo que tienes que tener cuidado es de no quedarte anclado en la queja y la pena ya que entonces sí que te llevará al victimismo, a un bajo autoconcepto y una baja autoestima que te frenarán en el camino.

Además, también es importante que trabajes para lograr una autonomía emocional. La autonomía emocional está relacionada con la confianza y la seguridad en nosotros mismos. Un buen autoconcepto, una buena autoimagen con una autoestima saludable te conducen hacia una autonomía emocional.

Hazte las siguientes preguntas para saber qué necesitas para lograr una autoestima sana:

- ¿Qué es lo que yo hago para mantener la confianza y la seguridad en mí?

- ¿Qué me ayuda a mantener mi confianza y mi seguridad?, ¿qué me funciona?

- ¿Qué hago para perder mi confianza y mi seguridad?

- ¿Cuáles son las necesidades que espero que cubran los demás?

- ¿Qué comparaciones me hago con otras personas?

- ¿Qué pienso de forma negativa sobre mí?

- ¿Qué expectativas pongo en los demás?

- ¿Dudo y desconfío de mí y de mis posibilidades?

- ¿Me resisto a pedir ayudar?

- ¿Me desanimo?

- ¿Me deprimo?

El cerebro no deja ni una sola pregunta o duda sin responder. Una vez que identifiques las respuestas separa las que te potencian y las que no te ayudan. Estas últimas cámbialas dándoles la vuelta hacia otras que sí sean útiles y beneficiosas para tu autoestima saludable. Escribe las respuestas en un papel con dos columnas, en una columna escribe las respuestas que te frenan y al lado las contrarias que son potenciadoras.

Encuentra las respuestas potenciadoras. Te ayudarán a fortalecer todas las partes de tu autoestima. Ahora siente las emociones que sentirás cuando consigas integrar en ti esas respuestas potenciadoras. Y estas emociones de logro que sientes son el motor que te conecta con tu propósito. Es la respuesta a tu "para qué haces todo este proceso".

Puede que en algún momento, a lo largo de este proceso de autodescubrimiento, te llegues a sentir mal. Si esto te sucede, quizás se deba a que le estás poniendo resistencia a algún acontecimiento determinado. La resistencia la puede causar la forma en que estás interpretando el suceso, por ejemplo, de modo que conviene que la investigues. En todo caso, esa sensación de malestar es bastante habitual y, de hecho, suele ser necesario pasar por ahí para hallar las respuestas. A medida que vayas encontrándolas, el malestar se irá disolviendo. En el proceso te revuelves, salen a la superficie creencias y emociones que te sumergen en un caos, pero piensa que en ese río revuelto encontrarás las ganancias cuando el agua se asiente.

Para trabajar tu autoestima, lo primero que debes hacer es conocerte mejor; a continuación, tienes un ejercicio que te puede ayudar mucho.

- *Ejercicio de autoconocimiento:*

Descríbete con palabras en las siguientes áreas de tu vida:

- Tu trabajo (la actividad que haces todos los días, puede ser en una empresa por cuenta ajena, como autónomo, en tu casa y cualquier actividad que realices que no sea de ocio).

- La etapa de colegio en tu infancia.

- Una reunión social.

- En la mesa con la familia.

- En este momento.

- Completamente a solas.

Los calificativos que puedes usar para describirte como persona son, por ejemplo, responsable, curiosa, comunicativa, incomunicativa, tímida, participativa, autocrítica, exigente, tolerante, proactiva, resiliente, inquieta, alegre, amable, conversadora, insociable, callada, traviesa, crítica, responsable, irresponsable, tranquila, nerviosa. Estos son algunos ejemplos que te pueden servir y puede haber muchos otros con los que puede que también te definas.

Escoge, de todas las palabras que has puesto, las seis palabras que más te representen, una de cada punto, y fíjate en cómo has realizado el proceso de selección de estas palabras. Estas palabras que representan la idea de lo que eres, ¿aumentan o disminuyen la confianza en ti? ¿Están alineadas con lo que quieres ser?

Esta dinámica te ayuda a ser consciente de lo que crees en tu interior que eres. Y te da el inicio de los cambios que debes hacer para sentirte bien contigo.

Es fundamental que comprendas que con las herramientas adecuadas y un entrenamiento constante puedes lograr tener un buen autoconcepto, una autoestima óptima y conseguir tu autonomía emocional. Cuanto más practicas y te entrenas, más te encuentras, más pones el foco en lo que te gusta y en cómo quieres ser y vivir. Creas tu propia realidad, aunque en esa realidad haya adversidades.

Si la adversidad es una enfermedad ten muy presente que la enfermedad no te identifica, solo es una condición en tu vida y tú eres mucho más. Aquí tienes un ejercicio para lograr ser quien quieres ser.

- *Ejercicio para ser quien quieres ser:*

    1. Busca personas que admiras y que son una referencia en las que ves las cualidades que tú quieres tener, te servirá para empezar a definir lo que deseas. Fíjate también en personas que ya han logrado lo que tú quieres conseguir y que tienen esas habilidades y cualidades que tú quieres tener para después observar cómo consiguen lo que tú quieres.

    2. Observa qué hacen, qué piensan, qué ven, qué oyen, qué sienten y cómo actúan. Observa qué hacen diferente a lo que tú haces. Analiza al detalle.

    3. Anota lo que ellos hacen y en el orden en que lo hacen.

    4. Repite sus pasos. Al repetirlo lo vas integrando en tu forma de actuar y al final encuentras tu propia manera de hacer lo necesario para lograr lo que quieres. Lo personalizas y lo automatizas.

Integrar en tu día a día la forma de pensar, los comportamientos y las actitudes que forman parte de la persona que ha conseguido lo que tú quieres lograr te ayudará a que tú también lo consigas.

Es una técnica muy eficaz para incorporar comportamientos que te acercan a ser la persona que quieres ser. Te ayuda a lograr que tu vida sea como tú quieres que sea.

3.2. Cómo saber que has conseguido una buena autoestima

Te recuerdo que la autoestima no es estable y que dependiendo del momento que vives puede debilitarse. Y que en esos momentos, en los que te puedes sentir con una autoestima más baja, lo importante es recurrir a una reflexión y a un análisis de la situación para usar de nuevo las herramientas necesarias con el fin de volver a tener una autoestima sana y equilibrada. Actúa con coherencia conforme a tus valores y manteniendo tu integridad.

Revisa si cumples las siguientes afirmaciones para saber si has conseguido una buena autoestima:

- Tienes consciencia de cómo eres y de por qué eres así.

- Eres consciente de tus puntos de mejora y actúas dando pasos para conseguir avanzar en esa mejora.

- Vives en coherencia con lo que piensas, lo que dices y lo que haces.

- Asumes tus equivocaciones y no le echas la culpa a otros.

- Te responsabilizas de las situaciones que te toca vivir.

- Sabes lo que quieres y diriges tus acciones hacia esa meta.

- Tienes confianza en que puedes conseguir lo que quieres.

- Eres agradecido.

Ejercicios para fortalecer tu autoestima

- *Ejercicio para empezar a trabajar tu autoestima:*

  1. Pregúntate: ¿qué hago yo por mí? Reflexiona y escribe diez cosas que hagas por ti y que te aporten un beneficio concreto. Si no las encuentras, pregúntate: ¿qué voy a hacer a partir de ahora por mí?

  2. Escribe lo que vas a hacer y ponle fecha. Para elaborar este plan de acción, hazte las siguientes preguntas:

     - ¿Qué es lo que quiero conseguir?

     - ¿En quién me quiero convertir?

     - ¿Qué actitudes, habilidades y capacidades quiero tener?

     - ¿Qué hago para conseguirlo?

     - ¿Qué más puedo hacer?

- *Ejercicio para trabajar más profundamente tu autoestima:*

Lograr una autoestima saludable es un pilar fundamental para hacer frente a las adversidades. Por este motivo te propongo otro ejercicio para que puedas fortalecer tu autoestima. Obsérvate y apunta en un papel:

- Tus pensamientos, tu actitud y tu comportamiento a lo largo de cada día en cada circunstancia.

- Si te comportas con coherencia entre lo que piensas, lo que dices y lo que haces.

- Cuáles son tus valores y si los honras con tus comportamientos en tu día a día.

- Si te respetas en tus sentimientos y en tus deseos.

- Si eres tú mismo aunque a otros no les guste.

- Si sabes decir *no* cuando lo deseas decir.

- Si te comunicas con asertividad.

- Si tu autoestima está más o menos equilibrada o, por el contrario, sube y baja de un extremo a otro a menudo.

Analiza todo lo que has escrito con respecto a cada punto anterior. Detalla los puntos en los que hayas observado que puedes mejorar y escribe qué pasos vas a dar para conseguir mejorar cada uno de ellos. Escribe qué puedes hacer para lograr cumplir cada uno de los puntos anteriores.

3.3. *La asertividad, una compañera de la autoestima*

Somos seres sociales y necesitamos tener contacto y comunicación con otras personas, por lo que desarrollar las habilidades sociales ayuda a potenciar nuestra autoestima. Existe una relación directa entre el desarrollo de estas habilidades sociales y la autoestima saludable.

En nuestra vida social una habilidad muy importante es la asertividad. Y como cualquier habilidad social, se puede desarrollar y poner en práctica a diario.

La asertividad está formada por un conjunto de comportamientos que nos permiten expresar lo que queremos, pensamos, deseamos y sentimos con respeto hacia nosotros y hacia las demás personas. Somos asertivos cuando decimos lo que queremos de una forma adecuada, sincera, respetuosa y sin sentirnos culpables por ello. Y con una buena gestión de nuestras emociones.

Muchas veces experimentamos dificultad para decir *no* ante situaciones en las que alguien nos pide que hagamos algo que no queremos realizar y terminamos diciendo que *sí*. Después, nuestros pensamientos van repitiendo frases que reflejan el arrepentimiento por haber cedido al haber respondido que sí a algo que no deseamos. Incluso nos decimos palabras negativas juzgándonos y castigándonos. En ocasiones, justificamos nuestra primera reacción afirmando: "Me daba pena (la otra persona)", para así convencernos de que lo hacemos porque queremos, aunque no sea cierto. La situación más perjudicial es cuando alguien tolera situaciones que son inaceptables y que degradan su dignidad.

Y no sabemos muy bien qué es lo que nos lleva a contestar que *sí*, cuando queremos decir *no*. ¿Qué pasa dentro de nosotros? Que aparecen los miedos de nuevo, el miedo al rechazo y el miedo al abandono. Queremos complacer para que quieran seguir con nosotros, a nuestro lado, y así nosotros también obtenemos seguridad, tranquilidad, afecto y tener a otras personas tapando el miedo a la soledad.

La enfermedad puede crear el caldo de cultivo idóneo para que germinen todos estos miedos, y si, además le sumamos la falta de asertividad, el daño que le podemos infligir a nuestra autoestima puede ser bastante importante.

Cuando te cuesta decir que no, siempre tienes detrás un problema de autoestima. Bien porque quieres evitar el enfrentamiento, porque seas incapaz de negarte a una petición, porque no quieras hacer daño, por estar disponible, por asociarlo a ser buena persona, por no querer fallarle a la otra persona o por querer estar ahí cuando te necesitan. Da igual el motivo por el que aceptas hacer algo que en realidad no quieres hacer: el resultado es que después te sientes mal porque te has fallado a ti mismo.

También puede ser que alguien te necesite y por amor a esa persona hagas acciones que, en principio, no te apetezcan e incluso te supongan un esfuerzo. En este caso, el amor y la satisfacción de ayudar harán que compense esa parte de cesión, no suponiendo un malestar ni un arrepentimiento después. Sabrás que has hecho lo que debías hacer, sin pedir nada a cambio porque sale con amor, desde el corazón. Si no sientes esta satisfacción es que ni había amor ni salía del corazón.

Si otra persona te necesita de verdad y no te nace aportar tu granito de arena cuando está en tu mano, entonces ya no estamos ante un problema de asertividad.

La asertividad se entiende cuando eliges libremente decir *sí* o decir *no* ante lo que otro te pide, atendiendo a tus valores. Cuando alguien te pide o te propone realizar algo debes preguntarte si de verdad quieres hacerlo, y la respuesta que salga de tu interior es la que debes tener en cuenta. Si la respuesta te lleva a un conflicto interno es que no es la repuesta que de verdad quieres.

Con respecto a cómo nos comunicamos con otras personas podemos hacerlo de tres formas: agresiva, pasiva o con asertividad. Con la forma agresiva tratamos mal a la otra persona y no la respetamos. Si optamos por la forma pasiva, damos preferencia a los demás sin respetarnos a nosotros e incluso podemos consentir que nos traten mal. Y con la forma asertiva nos comportamos de manera educada y con respeto, tanto para con nosotros como para con los demás.

Conseguir ser asertivos se relaciona con una autoestima sana ya que nos permite tener pensamientos de confianza, de que valemos y que podemos. Es tenernos en cuenta, cuidarnos, respetarnos y permitirnos tener lo mejor en ese momento.

Cuando hemos desarrollado e integrado la asertividad en nuestro comportamiento podemos decir que no a lo que no queremos y continuaremos con una buena relación por nuestra parte con la otra persona. La reacción de la otra persona no depende de nosotros, si se molesta o se enfada es porque no nos está respetando ni comprendiendo y no es nuestra responsabilidad. La reacción de la otra persona depende de su propio nivel de asertividad y no del nuestro. Si a pesar de haberle manifestado que no insiste, no tenemos que ceder. Si después de haber dicho que no cedemos nos sentiremos muy mal, sentiremos que no somos fuertes en nuestras decisiones, que nos manipulan y que no sabemos poner límites.

Para lograr desarrollar tu asertividad, lo principal es ser consciente de en qué momento estás cediendo a hacer cosas que te incomodan, que no te gustan y no quieres. Cuando te das cuenta de ello es cuando puedes empezar a dar pasos para cambiar y mejorar tu asertividad. Un ejercicio que ayuda a decir no y a comunicarse con asertividad es la "Técnica del sándwich":

- *Técnica del sándwich*

Cuando ya tienes claro que tu respuesta ante una petición es "no" debes pensar en qué vas a decir y cómo lo vas de decir. Para ello, puedes recurrir a esta técnica y dar una respuesta con una comunicación asertiva. Consta de tres partes:

1. La primera capa es la correspondiente a una rebanada de pan. En ella eres agradable, te comunicas con empatía hacia la otra persona e inicias el tema con calma y de forma positiva. Le dices que entiendes lo que te está pidiendo y los motivos por los que te lo pide.

2. La segunda capa corresponde al contenido del sándwich en su interior. Comunicas con asertividad que no quieres o no te apetece, en esta ocasión, lo que te propone o te pide. Puedes dar las razones por las que dices que *no* aunque no estás obligado y no tienes por qué justificar tu decisión.

3. La tercera capa es la otra rebanada de pan. Se trata de cerrar la conversación de manera que no se quede una mala sensación en ninguno de los dos. Expresar algo en positivo con respecto al tema que ha formado parte de la conversación.

4. Nuestro niño interior

El "niño interior" constituye un conjunto de etapas de la infancia en las que adquirimos los valores, las creencias, los comportamientos de nuestros padres, profesores, familiares y del entorno. Todo esto se graba en forma de programas en nuestro cerebro.

En el niño interior se esconden las heridas de la infancia que causan sufrimiento, conflictos y comportamientos no deseados en la etapa adulta. Y todo se encuentra dentro de nosotros en nuestras capas más profundas, en nuestro inconsciente, dirigiendo nuestros pasos con el guión establecido a partir de la autoestima que se formó en nosotros y de las creencias que adquirimos.

En el niño interior basamos nuestra identidad y cuando algo no va bien, de forma consciente o inconsciente, nos comportamos acorde a esa identidad. Es en el niño interior donde se encuentra la herida que está produciendo ese conflicto interno.

Trabajar nuestro niño interior es un trabajo de crecimiento personal y sirve para tomar conciencia de nuestra infancia, de lo que recibimos y de lo que nos faltó. De cómo ese niño o niña formó su autoestima. De cómo nos ha influido en nuestra vida a la hora de forjar nuestra personalidad y a la hora de interactuar con los demás en nuestras relaciones. Sanar las heridas del niño interior te ayuda a romper bloqueos que te impiden avanzar en tu vida.

4.1. Cómo conectar con tu niño interior

Conectar con tu niño para cubrir sus carencias es parte del trabajo que te ayudará a lograr seguridad y confianza, y a reforzar tu autoestima. Los pasos a seguir para poder conectar con tu niño interior son:

1. Entra en un estado de relajación, cierra los ojos y atiende a tu respiración haciéndola lenta y armónica, sintiendo como entra despacio en tu cuerpo el aire, como se mantiene y como sale. Puedes contar de uno a cuatro según entra el aire, lo mismo para mantenerlo y de la misma manera expulsarlo. A la vez, ves sintiendo como se va relajando cada parte de tu cuerpo poco a poco. Empieza sintiendo esa relajación por tus pies y sube muy despacio hasta tu cabeza. O si lo prefieres puedes empezar por la cabeza y bajar a los pies.

2. Ahora visualiza en tu mente al niño o niña que eras con cinco o seis años. Imagínate en tu lugar favorito del hogar en el que vivías. Conecta con ese niño o esa niña, con las emociones que tenías a esa edad, cómo se sentía con lo que tuvo a nivel emocional y de atención, y con lo que le faltó. Tómate todo el tiempo que necesites para no dejarte nada.

3. Ya sabes qué es lo que tuvo y lo que le faltó a tu niño interior y cómo se sentía. Debes entenderle, abrazarle y darle todo el amor que sale de tu corazón. Acéptale tal y como es, y decide a partir de ahora darle todo aquello que le faltó y darle todo lo mejor porque se lo merece. Puede que este paso te cueste y sientas resistencia, es normal, sigue intentándolo hasta que lo consigas, no te rindas.

4. Repite estos pasos tantas veces como te sea necesario hasta que consigas una conexión completa con ese niño y te comprometas a cuidar de él para que no le vuelva a faltar nada y se sienta valioso sabiendo que se merece todo lo mejor.

Cuando consigas abrazarle y darle todo tu amor experimentarás el cambio que necesitas para poder avanzar con seguridad y confianza. Esto contribuirá a esa buena autoestima que te llevará a conseguir metas en tu vida.

A partir de ahora imagina que lo llevas contigo en tu corazón para protegerle y hacerte responsable de su bienestar. Hazle sentir que le aceptas tal y como es. Que no hay nada malo en él. Al contrario hay muchas cosas buenas en las que se tiene que enfocar. Todo aquello que le vas a dar a ese niño para que se sienta seguro, protegido, querido, aceptado y valorado dátelo también a ti como adulto. Y lo que nunca le dirías a él no te lo digas nunca a ti mismo.

Tú eres lo más importante de tu vida, eres una persona perfecta tal como eres, eres capaz de conseguir lo que te propongas. Eres valioso. Y te quieres tal y como eres.

5. LA MAGIA DE AGRADECER

El camino más rápido para sentir paz y conseguir vivir en equilibrio es sentirnos agradecidos por todo lo que tenemos. La gratitud es una actitud que nos lleva a una forma de enfocar la vida.

Sé que hay momentos tan complicados que es difícil sentir gratitud. El tsunami inicial, las distintas fases del proceso hasta aceptar la enfermedad y la nueva vida a la que nos tenemos que adaptar nos impiden en ocasiones ver luz y sentir emociones como la alegría, la paz y la gratitud.

Te aseguro que todo son etapas que se pueden superar y que tras ellas aparece todo lo bueno que la vida nos da y lo bueno que está por venir. Cuando llegas a este nivel de crecimiento es cuando empiezas a sentir esa inmensa emoción de gratitud que te llena y te lleva al bienestar, a la paz y a vivir con alegría. La gratitud te lleva al amor, a compartir, a dar y a recibir, a valorar todo lo que es parte de tu vida y a valorarte de manera incondicional.

La gratitud no espera algo a cambio, no es interesada. La gratitud desde el amor es generosa. Va unida a la humildad de saber lo que la vida te ofrece y lo que tú le aportas a ella.

Este agradecimiento puede estar escondido en lo más profundo de nuestro ser por el dolor, por el sufrimiento, por la ira o por otras emociones sentidas al vivir adversidades y situaciones límite. Tomar conciencia de ello nos ayudará a ir quitándonos capas para lograr que aparezca. Porque la gratitud se puede descubrir y desarrollar.

Aunque en un principio sientas que no tienes nada por lo que estar agradecido, puedes practicar la gratitud valorando lo bueno que tienes todas las mañanas al levantarte y todas las noches al acostarte. Dar gracias por las pequeñas cosas, es más fructífero que darla por las grandes. Aunque haya que agradecer todas. Puede que no lo sientas profundamente, incluso que no te lo creas. Pero hazlo. Tu cerebro se lo irá creyendo y, como siempre, creará nuevas rutas neuronales que te orientarán en la senda del agradecimiento. Se creará una nueva realidad a tu alrededor y tu cerebro se enfocará en todo lo que tienes que agradecerle a la vida. Verás lo que antes no veías. Y se abrirán puertas para que lleguen a ti nuevas personas, situaciones y cosas por las que aumentará tu agradecimiento.

Las personas que logran vivir una vida plena, con alegría, que son más felices y que más éxito tienen en su vida son agradecidas. Tienen pensamientos positivos que les hacen conectar con emociones agradables y poderosas. Esta forma de vivir se puede aprender, desarrollar y poner en acción. El poder está siempre en nosotros.

Si integras en tu vida la práctica de vivir con consciencia en el agradecimiento harás que al final sea una filosofía de vida que estará presente en tu día a día de forma automática. Y al final te conectarás con tu esencia.

Activar la gratitud en nosotros nos lleva a sentirnos bien, a tener emociones agradables, a mejorar nuestra calidad de vida y a ser felices. En la gratitud no existe la queja ni la frustración, lo que hay es alegría. Es un recuerdo amable del pasado y un reconocimiento del presente. De esta forma ambos, pasado y presente, dan sentido a nuestra vida para conducirnos hacia un futuro.

Agradece desde la humildad, el amor y la confianza y te acercarás a tu propósito de vida. Agradecer te ayuda a relacionarte de forma sana con los demás y contigo. Te hace crecer como persona y ayudar a crecer a los demás.

Además, la gratitud te ayuda a finalizar el proceso de duelo que vives en las adversidades. Tras la aceptación, la gratitud te impulsa hacia adelante. La herida cicatrizada permanecerá, pero la gratitud te lleva a ver la cicatriz como parte de tu aprendizaje.

5.1. Cómo conseguir vivir desde la gratitud

1. Párate a pensar:

   - Si eres una persona que suele ser agradecida.
   - Si te centras en las cosas buenas que suceden a tu alrededor.
   - Si te quejas a menudo.

2. ¿Cómo son tus pensamientos?

   - Son positivos, te sientes bien con ellos, te ayudan.
   - Te hacen sentir mal, te frenan, te anulan, te criticas.

3. ¿Das gracias por lo que tienes o te llega en la vida?

Analiza qué haces en tu día a día para mejorar tu gratitud. Qué no estás valorando en tu vida. Toma conciencia de los pensamientos que tienes y de cómo te tratas a ti y a los demás. Toma conciencia de si te comunicas con personas que se hablan mal y compartes con ellas esta actitud.

Practicar el agradecimiento es magia y es fácil. Cuando lo practiques todos los días se convertirá en un hábito y compensará el pequeño esfuerzo que hay que hacer al principio.

Agradece, incluso las cosas que deseas como si ya las hubieras conseguido. Esto te llevará a emociones que te conducirán a comportamientos dirigidos a la gratitud. Comportamientos que enriquecerán tu existencia. Y al sentir ese agradecimiento por haberlo conseguido activas en tu mente el cómo conseguirlo.

Pon también el foco en ti cada mañana, mírate al espejo y siente que te aceptas, dedícate palabras bonitas que te hagan sentir que te amas. Es otra forma muy potente de agradecer a la vida que estás aquí, de agradecer ser como eres y los logros que has tenido, los grandes y los pequeños. Si esta parte de mirarte al espejo y hablarte es complicada e incluso sientes algún rechazo, no te preocupes, casi todos hemos pasado por ello. Hazlo todas las mañanas, cada vez te irá costando menos y cada vez te mirarás con más amor. Es un trabajo que no se logra de un día para otro. Si después de un tiempo sigues resistiéndote, pide ayuda profesional para que te guíe y te resulte más fácil.

El amor, la gratitud y la aceptación nos hacen cambiar. Nos conectan con nuestra esencia, con la parte espiritual a la que también tenemos que acceder y alimentar para conseguir una vida plena.

En mi pasado hubo ocasiones en las que me bloqueé tanto ante la adversidad que tomé caminos llenos de piedras y no supe aprovechar las oportunidades de cambio que la vida me ofrecía. Mis miedos y el hecho de no saber cómo gestionar mis emociones fueron grandes barreras. Hasta que no abrí la puerta a la posibilidad de poder vivir otra vida basada en mis valores, en el amor por mí, en la creencia de que merezco lo mejor y en la gratitud, no encontré caminos más cómodos, con más opciones. Practicar la gratitud me abrió nuevas puertas: al atravesarlas encontré más oportunidades y pude desarrollar una vida interior más plena.

Mi gratitud por haber llegado hasta el día de hoy, por todas las oportunidades que me ha dado la vida para continuar y por todo el aprendizaje que me ha regalado es infinita. Y como ya sabes, mi mayor agradecimiento es por el regalo que me dio la vida al darme tres hijos. Mi camino no ha sido fácil y no sé lo que me esperará en un futuro, pero lo que sí sé es que esta gratitud y encontrar este nuevo propósito en mi vida formará parte de mi fuerza para continuar.

6. Nuestra parte espiritual

En cada uno de nosotros existen cuatro pilares fundamentales interconectados que nos llevan a sostener una vida plena y con sentido. Estos cuatro pilares son nuestro cuerpo, nuestra mente, nuestras emociones y nuestro espíritu. Cuidar estos cuatro pilares por separado, conectarlos y unir los resultados nos lleva a cuidar todo nuestro ser.

Nuestra parte espiritual es aquella que va más allá de lo físico, de lo mental y de lo emocional. Pasa por todas estas áreas y consigue llegar al último nivel de desarrollo para estar en armonía y equilibrio con todo lo que somos. Una vez que equilibramos nuestro cuerpo con cuidados y hábitos saludables para la salud física, estamos en condiciones de poder equilibrar nuestra mente, nuestros pensamientos, entrenándola para utilizar todo su poder.

Ya en esta parte del proceso de equilibrar estos dos pilares, entra en escena la parte de equilibrar nuestras emociones consiguiendo que no dominen nuestra vida y seamos nosotros los que las controlemos. Y por último, se sube a nuestro escenario el pilar espiritual, el que nos hace llegar a la cúspide, el que nos lleva a lograr el trofeo de conseguir una vida con paz, con amor y conectados a nuestra esencia. Un pilar que completa una vida en la que podemos confiar en nuestra intuición como canal de comunicación con nuestra esencia y con nuestro inconsciente. La esencia que hay en nuestro interior está llena de nuestra autenticidad y está en relación directa con nuestro propósito formando parte de algo más grande que nosotros.

Como te indicaba en la introducción del libro, este proceso de transformación y equilibrio a través de estos cuatro pilares forma parte de mi método de trabajo para ayudar a otras personas a superar adversidades y conseguir sacar lo mejor de ellas. Y por ello, también he estructurado el libro siguiendo el orden del método. Es muy difícil encontrar un equilibrio en nuestra vida si uno de estos pilares no está bien firme y centrado. Sobre todo si no contamos con las herramientas necesarias para volver a equilibrar todo el sistema. Imagina una mesa con sus cuatro patas: solo tiene estabilidad si está posada sobre sus cuatro patas por igual, de lo contrario, no se mantiene en equilibrio.

6.1. Conecta con tu esencia

En ocasiones, sentimos que no encajamos donde estamos o en lo que estamos viviendo. Y con la enfermedad esta sensación se acentúa con más frecuencia y aumenta el sufrimiento. Esto es parte de ese desequilibrio de los cuatro pilares.

Puede que ya hayamos trabajado con los tres pilares anteriores al espiritual y sintamos mucha mejoría porque de verdad hemos avanzado con pasos gigantes en nuestro desarrollo personal y llevemos casi una vida deseada. Pero lo cierto es que todavía sentiremos que nos falta algo por hacer para llegar a la meta final. Ese algo es conectar con nuestra esencia, con nuestro gran poder interior para que se junte con nuestro poder físico, mental y emocional formando un *todo,* formando nuestro *ser.*

Cuando llegas a esta unión, sientes que tu vida cobra sentido y tienes claro cuál ha sido tu propósito en cada etapa de tu vida y cuál es ahora tu nuevo propósito. Pasado y presente se unen para formar tu futuro.

Para conectar con tu esencia puedes realizar diferentes ejercicios con varias herramientas. A cada uno le servirá una herramienta concreta, cada uno llega a su esencia a su manera, a su tiempo y a su ritmo. Sin grandes esfuerzos, con tranquilidad y fluidez. El primer paso, como siempre, es tomar conciencia de lo que quieres; a partir de ahí, el *cómo* ya irá apareciendo.

La esencia ha estado siempre en tu interior a la espera de que conectes con ella para transmitirte tu autenticidad y darte todo lo que necesitas. En cuanto decidas reconocerla para conectar ella se hará cada vez más visible a tus ojos y a los ojos de los demás. Una vez que la esencia se muestra brillas y no la puedes esconder.

Y cuando conectas con tu esencia se abre un canal de comunicación a través de la intuición que te va sorprendiendo a medida que descubres hasta qué punto es capaz de guiarte en tu camino.

- *Meditación*

Una herramienta muy potente para lograr la conexión con tu esencia es la meditación. Ya habrás oído hablar de esta herramienta en muchas ocasiones o incluso puede que la practiques y ya hayas experimentado sus resultados. Si es así, ¡enhorabuena!

Si estás en los inicios de la práctica o vas a empezar a probarla, mi primera recomendación es que medites sin esperar resultados inmediatos. Tómate unos minutos al día, unos diez minutos al principio, ya irás aumentando el tiempo más adelante, poco a poco. Para no estar pendiente del tiempo puedes ponerte una alarma con un tono suave con el tiempo que vas a estar meditando, así te olvidas de tener que controlarlo.

Párate en un sitio tranquilo. Siéntate con la espalda apoyada en el respaldo del asiento, la planta de los pies completamente en el suelo y cierra los ojos. Empieza a poner el foco en tu respiración. Respira lentamente con una pauta y visualizando cómo entra el aire en tu cuerpo, lo recorre y lo expulsas.

Relaja el cuerpo lentamente desde los pies hasta tu cabeza, hasta tu coronilla y quédate en ese estado. No pongas esfuerzo en parar tu mente. Te van a llegar pensamientos, uno detrás de otro, no importa. Déjalos pasar como si fueran un tren de paso que no para, no te quedes anclado a ningún pensamiento. Con el tiempo y con la práctica pasarán por tu mente menos pensamientos y se irán más rápido.

Cuando termine el tiempo que has decidido meditar vuelve poco a poco a mover tu cuerpo moviendo despacio tus pies, piernas, manos, brazos… hasta abrir tus ojos. Realiza cada movimiento con tranquilidad.

No analices si has conseguido o no los resultados que querías, simplemente disfruta la sensación que perdura una vez que has terminado tu sesión y vuelve a ponerlo en práctica al día siguiente.

Si sintieras que cerrar los ojos te genera algún tipo de malestar, medita con los ojos abiertos; con la práctica esta sensación incómoda irá desapareciendo y llegará un momento en que meditar con los ojos cerrados se volverá muy natural y placentero.

A medida que vayas repitiendo este ejercicio todos los días, irás notando cómo poco a poco consigues conectar con la tranquilidad, más adelante con tu paz y, con constancia, conectarás con tu esencia. Tus pensamientos irán pasando sin quedarse y dejarán paso a la intuición y a la sabiduría que forman parte de esa esencia.

Recuerda que la clave reside en repetir estos ejercicios: la práctica te conducirá a cosechar unos resultados maravillosos en todo aquello que te propongas.

- *Silencio*

El silencio es un aliado para encontrar tu calma y poder dedicar un tiempo a la autorreflexión. En el silencio te permites alejar el ruido que te lleva a no conectar con tu interior. Cuando estás en silencio puedes mirar hacia dentro y observar qué hay, qué pensamientos tienes, qué sientes, cómo te hablas y cómo te quieres. Te guía para conseguir saber qué hacer cuando hay algo que no es bueno para ti. Te ayudará también a trabajar sobre los otros tres pilares.

Según vayas alcanzando el equilibrio en tu ser se irá quitando todo el ruido mental y emocional que te impedía conectar, y es en ese estado de silencio interior cuando empiezas a oír a la voz de tu esencia.

El silencio, cuando es elegido, tiene también un gran poder. Es el canal por el que se transmite la sabiduría de la esencia y por el que se transporta la intuición que lleva su mensaje.

- *Elegir lo que lees, ves y escuchas*

Es importante, para quitar las distracciones que te pueden apartar de tu conexión interior, elegir qué contenidos vas a ver, leer o escuchar para que no te produzcan un exceso de emociones desagradables como la ira, la rabia o la tristeza. No significa que te apartes del mundo actual, aunque sí que selecciones qué haces y el tiempo que le dedicas.

Mantenerte al día de las noticias justas (referentes a la actualidad) en un tiempo corto y determinado es una opción que te tendrá informado y a la vez te permitirá desconectar de ellas para no quedarte enganchado. Así después podrás dedicarte a otras actividades que nutran tu mente y tu espíritu hacia una vida más alegre y satisfactoria.

- *Elegir relaciones que te ayudan a conectarte*

Apartar de tu vida a personas negativas con comportamientos tóxicos te va a permitir quedarte con aquellas personas que te traerán alegría, amor y paz. Personas que vibran en tu misma frecuencia y llenan tu vida. Esto facilitará que cuando quieras conectar con tu esencia no tengas que hacer un sobreesfuerzo para conseguir esa vibración que necesitas porque en mayor o menor medida está contigo.

- *Identifica tu ego y ponlo en su sitio*

Desde pequeños nos vamos identificando con lo que nos dicen que somos, con las creencias que nos trasmiten y con las etiquetas que nos ponen. Y también con las emociones que vamos sintiendo, lo que vamos percibiendo, creyendo y creando en la mente a través de nuestras experiencias.

Todo esto forma nuestro ego. Un ego que tiene como función ayudarnos a sobrevivir en la sociedad y protegernos. El problema del ego es cuando se convierte en nuestra única fuente de identidad y cuando apoyamos en él toda nuestra existencia. En este caso el ego se vuelve invasivo y empieza a dominar nuestra vida impidiendo que veamos nuestra verdadera esencia y conectemos con ella.

Por eso es tan importante identificarlo, analizarlo, comprenderlo y saber si lo que nos trasmite es útil en ese momento o no. El ego es solo una pequeña parte de lo que somos, la realidad es que somos mucho más.

Aprender a identificar el ego y a darle su sitio para que no impida nuestro desarrollo personal nos ayuda a conectar con la esencia.

Coloca al ego en su sitio con amabilidad, sin lucha, con asertividad para que te deje sacar todo tu potencial. Pon en duda todas las cosas con las que tu ego se identifica y analiza si esa identificación eres tú o solo son creencias impuestas. Observa qué hay debajo de tu ego. Es bueno que todo esto lo escribas, cómo ya te he comentado escribir ayuda a la autorreflexión. De todo lo que descubras analiza qué te sirve para ser mejor y qué no. Esta parte no es fácil, necesitas tiempo y se moverán dentro de ti resistencias. Y se hará consciente lo que hay en tu inconsciente.

Cuando el ego tiene el poder te impide tomar la responsabilidad de tu vida, de lo que te sucede y buscas culpables y justificaciones para no tener que mirar hacia tu interior.

En mi proceso con la identificación de mi ego, al principio tuve muchas resistencias y una lucha por identificar qué era y en qué me perjudicaba. Leí y escuché diferentes versiones de la definición de *ego* y ninguna me ayudaba. Puse en práctica algunos ejercicios que me enseñaron e intenté eliminar de mí esa parte llamada *ego*. Ese proceso de lucha fue bastante negativo para mí y creo que fue por apoyarme en una definición de *ego* muy radical y en la que se identificaba al ego como una parte absolutamente negativa y dañina que había que aniquilar por completo.

Mi lucha terminó cuando entendí que el ego es esa parte de nuestras creencias y etiquetas limitantes con las que nos identificamos y es, además, la parte que nos identifica con lo material. Es también la personalidad formada para conseguir sobrevivir hasta el momento, porque no sabíamos hacerlo de otra manera. Una parte que ha tenido su función para que resistamos y que ya no nos sirve como única identificación de nuestro ser. En mi opinión, el ego es una pequeña porción de nosotros que nos sirve para sobrevivir en el mundo material y que sirve como herramienta a nuestra alma para mantenerse en este mundo.

Cuando empecé a gestionar las intervenciones del ego del mismo modo que gestiono una emoción desagradable sentí una liberación ante esa lucha que había tenido hasta ese momento para anularle. De esta forma comencé a observar qué intención positiva tiene el ego, qué función quiere ejercer y qué te ofrece. Escucharle, ver su intención, calmarle y dejarlo ir. Tener la libertad y el control ante él de saber si me sirve lo que me ofrece o no en ese momento y encontrar alternativas para conseguir esa intención positiva sin recurrir a él.

Y continuando con mi opinión, podemos eliminar parte del ego, la parte que nos limita y nos frena en nuestro desarrollo personal, la parte que nos desconecta de lo que verdaderamente somos, seres con un gran poder interior para vivir en el amor. Aunque hay otra parte del ego que nos ha ayudado y nos ayuda a poder trabajar, a ganar el dinero que necesitamos y sobrevivir y siempre estará ahí porque tiene su función. Creo que nuestra misión con el ego es ponerlo en un lugar de nuestra existencia en el que no pueda controlarnos. Un lugar en el que esté tranquilo sin saltar, que nos permita usarlo cuando lo necesitemos y después poder enviarlo de nuevo a su sitio. Siempre en conexión con la humildad y el amor de nuestra esencia. Para mí, es una negociación entre el ego y el alma que permite que el alma se expanda porque ya no existe lucha. De esta forma, al estar el ego al servicio del alma, podemos ver nuestra esencia.

Una persona que comparte la creencia espiritual de que hay que eliminar el ego por completo podría llegar a echarse las manos a la cabeza al leer esto. Respeto lo que cada uno cree, sobre todo si le sirve para ser feliz sin hacer daño a nadie. Y expongo mis conclusiones hasta este momento de mi vida.

Pienso que, dependiendo del concepto con el que identifiques al ego, te servirán unas herramientas u otras para que no controle tu vida. Y si estas conclusiones no te son útiles, seguro que encuentras otras que sí te pueden ayudar.

* *Vivir en el presente*

Para vivir en el presente es fundamental que aprendamos a ser conscientes del aquí y el ahora. Vivir sabiendo que el pasado ya no está, dejar de pensar en él y extraer toda la sabiduría que nos ha dejado para que nos ayude a vivir el presente, disfrutando lo que nos trae y agradeciendo por ello. Y no pensar en el futuro con miedo e incertidumbre.

Confiar en que el futuro traerá lo mejor para nosotros. Así podremos enfocarnos únicamente en el presente. Es lo único que existe, el momento presente. El estado de felicidad está en el aquí y en el ahora.

La práctica del *mindfulness* es un camino que te ayuda a conseguir vivir en el momento presente con un estado de conciencia plena.

Vivir el momento presente también ayuda a reflexionar cuáles son las cosas más importantes en tu vida, las que de verdad merecen la pena y las que dan sentido a tu existencia.

6.2. *Transcender*

A medida que escribía este libro, incorporando palabras y acciones en las que creo y que te aseguro que las transmito desde mi corazón y desde el convencimiento de que funcionan —por los resultados que he cosechado al ponerlas en práctica en mi vida—, también he conectado con esos momentos de desesperación en los que no veía la salida y la angustia invadía todo mi ser.

He tenido muchos momentos en los que se me ha hecho una bola en el estómago con todas las emociones desagradables que han asomado con los recuerdos. Pero ha sido diferente a como las sentía antes de mi proceso de desarrollo personal. Soy consciente de lo que he vivido, de lo que he sentido y de lo que he sufrido y eso no va a desaparecer.

La diferencia es que ahora lo acepto, es parte de mi vida y, aunque me revuelva, no me anclo en esos momentos ni en la tristeza. Con lo recuerdos cargados de emociones se ha agitado mi forma de respirar y he recurrido a lo aprendido para regular mi respiración. A la vez, he visualizado cómo se siente mi cuerpo cuando estoy alegre y he puesto en práctica las dinámicas aprendidas que me devuelven mi paz. He conectado con mi esencia y he conseguido sentirme segura y en calma, transcendiendo todo lo que me ha hecho sufrir.

Cuando logramos darle sentido al sufrimiento, empezamos a sentir que conectamos con nosotros mismos, con nuestra esencia interior. Esto no ocurre por arte de magia, así sin más. Todo esto se aprende, se entrena y con la práctica cada vez se tarda menos en conseguir.

Conozco muy bien esos momentos de la vida que nos hacen sufrir. Sé lo que supone sentir que te invade el miedo, paralizando cualquier pensamiento positivo y bloqueando cualquier esfuerzo por intentar tenerlos.

Recuerdo cómo en determinadas situaciones límite de mi enfermedad, sobre todo después de los rechazos de los trasplantes, si alguien me decía algo parecido a lo que yo te escribo aquí, me aparecía una fuerte resistencia a creerlo y con pensamientos negativos incluso hacia la persona que me lo decía. Y aunque por naturaleza tiendo a ser una persona bastante positiva, en esos terribles momentos me resultaba muy difícil por todo el dolor que sentía. Es verdad que hay que hacer un gran esfuerzo en estas situaciones para salir de ahí. Si lo consigues hacer, lo que te espera después merece la pena ser vivido.

Mi proceso con la enfermedad no ha llegado a su fin, estará en mí hasta el final de mis días, y al escribir estas líneas una sensación de incertidumbre mezclada con miedo aparece en mí. Respiro y conecto con mi interior, con mi energía y con mi esencia. No sé qué es lo que pasará en un futuro, lo que sí sé es que puedo usar todas estas herramientas que he aprendido para gestionar mis emociones, para conocerme mejor, para aumentar mi autoestima y para revisar qué se tambalea ante las nuevas adversidades. Sé que todo lo aprendido me ayuda a ser cada día mejor persona, consciente de que habrá situaciones en las que no consiga responder o actuar como me gustaría, pero sabiendo que es un punto de mejora en mi camino. Y esta actitud es parte de mi mejor versión.

Es una actitud a tener ante la adversidad para transcender de sentirte víctima del destino a sentir que intervienes en tu vida, sin resignación, aceptando y acogiendo para seguir adelante. Y así, conseguir agradecer por lo bueno que tienes y por lo bueno que la vida hasta este momento te ha traído. Si reflexionas, poco a poco lo verás.

Los resultados que he obtenido con mi proceso de desarrollo personal me ayudan a continuar día a día, disfrutando de los buenos momentos que me regala la vida y superando las adversidades que siguen presentándose. Recuerda que somos más que nuestra enfermedad o que nuestras adversidades, que hemos venido a este mundo a aprender con lo que la vida nos ofrece y a ser felices porque nos merecemos lo mejor.

El deseo de conseguir la vida que queremos junto con el coraje que nos lleva a la acción y a la transformación nos impulsa al crecimiento personal y espiritual. Al transcender, nuestra vida cambia e influye en las vidas de las personas que forman parte de ella. Podemos ser ejemplo para ayudar en su transformación a las personas que la quieren experimentar. El coraje nos ayuda a transcender nuestros propios límites para lograr esa transformación.

Tenemos que tener en cuenta que somos energía y dependiendo de cómo sea esa energía, así será nuestro impacto tanto en nosotros mismos como en los demás. Así crearemos nuestra realidad. El ciclo de la vida nos lleva a movimientos en nuestro exterior y en nuestro interior para avanzar, crecer y subir al siguiente escalón de nuestra escalera. Nos dirige para conseguir ser más fuertes, más seguros, más serenos y más sabios. Y en ese camino nos guía nuestra intuición como canal de conexión con nuestra esencia.

Logré establecer esa comunicación y al analizar mi pasado conseguí identificar las veces que mi intuición me había intentado avisar que me equivocaba en algunas decisiones que tomaba, con hechos que me pasaban en la vida, pero yo no escuchaba. Me aparecían oportunidades para mejorar mi vida, pero yo no las aprovechaba. Me obstinaba con seguir por un camino que no era bueno para mí. Y cada vez los avisos eran más duros y evidentes.

La vida te da siempre oportunidades y si no las sabes ver volverá a mostrarte situaciones para aprender de forma más dura y con más sufrimiento para que salgas de ahí. Te avisa de que hay algo en tu vida que tienes que cambiar. Esto no lo entendí en mis vivencias pasadas, pero en el momento en que conecté con mi esencia, abrí el canal de comunicación con mi intuición y todo cobró sentido. Transcendí con todo lo aprendido.

Cuando llegas a este nivel de tu proceso empiezas a detectar las oportunidades que la adversidad te ofrece. Empiezas a actuar siendo el protagonista de tu vida y dejando que a la vez todo fluya a través de la guía que te proporciona tu intuición. Si te sientes bien contigo y en paz, sin conflictos internos, ese es el camino. La intuición es como un músculo, cuanto más la usas más la desarrollas, y mayor es el grado de claridad que aporta a la hora de indicarte por dónde tienes que ir. Y cuanto más te dejas guiar por ella, más llegas a tu esencia, a tu alma.

La calidad de tu alma se refleja en tu calidad humana y en todo lo que te rodea. Esa calidad brilla desde tu esencia para transformar tu realidad y ayudarte a transcender todo lo que te ha hecho sufrir.

6.3. Amor y Felicidad

- *El amor es vida*

Lo que da sentido a nuestra vida es el amor, aunque puede que no se sea consciente en algunos casos. El amor puede suscitarlo una persona, una mascota, un proyecto, un viaje, un sueño por cumplir o un propósito de vida. El amor es el combustible que nos impulsa hacia adelante, que nos empuja a avanzar en nuestro camino y a saltar las piedras y los baches que nos vamos encontrando. El amor nutre nuestro propósito.

Pregúntate: ¿qué es lo que amas en tu vida? ¿Qué es aquello por lo que merece la pena seguir adelante, aquello que puede hacerte feliz a ti y a tus seres queridos o a otras personas? ¿Y qué sueños quieres alcanzar? Reflexiona sobre ello con calma y mirando hacia tu interior para tener las respuestas. Tómate el tiempo que sea necesario.

Ante las situaciones más difíciles de tu vida el amor hacia ti mismo, hacia tus seres queridos y hacia lo que haces te dará motivos para seguir y no rendirte. Te dará sentido a tu vida.

- *¿Qué es lo que nos hace felices?*

En esta sociedad se asocia la felicidad a poseer objetos, propiedades, poder, dinero y al hacer muchas cosas hasta tener un exceso de actividad diaria. Sin embargo, cada vez hay más personas con depresión, con ansiedad y con trastornos psicológicos que no les dejan vivir en paz, incluso teniendo todo lo material que desean. ¿Puede ser que todas esas cosas no nos lleven a construir una vida feliz?

Cuando aparece la enfermedad nos plateamos qué es lo que de verdad importa en nuestras vidas. Nos hace pensar sobre cosas intangibles, sobre aquello que no nos da ni el dinero ni el poder.

Llega el momento de reflexionar sobre qué es lo que da sentido a la vida, sobre qué es lo que nos hace vibrar y qué es lo que nos da paz. Y una vez que hemos reflexionado y sacado nuestras conclusiones, la gran mayoría coincidimos en que la base de nuestra felicidad está en el amor.

Somos felices cuando amamos y a la vez nos sentimos correspondidos. Las caricias, el afecto, la comprensión, el ayudarnos unos a otros son parte de ese amor y de esa felicidad. Cuando amamos y lo demostramos damos la posibilidad de que nos correspondan y nos amen. Es nuestra mejor versión.

Cuando nuestro desarrollo personal nace desde el amor es cuando podemos construir nuestra felicidad. Valorar lo que tenemos y sentirnos agradecidos por ello también es amor y contribuye a ese estado de felicidad. Si en este momento no lo logras, tranquilo, también se puede desarrollar la capacidad de valorar y disfrutar de lo que se tiene, lo pequeño y lo grande. Tomar consciencia de todo lo que nos da la vida y de los momentos alegres que vivimos es la primera lección para lograrlo.

Las cosas materiales nos dan comodidad, placer y satisfacción, pero la felicidad es mucho más que eso. La felicidad surge de la parte no material, surge de los seres queridos, de nuestras amistades, de la naturaleza, de compartir momentos y actividades, de trabajar en lo que nos gusta y nos apasiona y de saber querernos a nosotros. La felicidad es un estado en el que tenemos el poder de crear.

Y no se me olvida la salud, que también es importante valorarla. Tener una enfermedad no implica que no puedas ser feliz con lo bueno que tienes, no implica que no te sientas sano en los demás aspectos de tu vida. Ya sabes, las personas no solo somos un cuerpo físico.

Vuelvo a recurrir a la consciencia para poder construir tu felicidad. Pon el foco en el presente, en el aquí y en el ahora, para observar todo lo que tienes y que si no lo tuvieras tu vida empeoraría. Valora lo que te hace sentirte bien y te permite tener una vida mejor en tu día a día. Valora las pequeñas cosas que te pasan normalmente desapercibidas. Ama lo que te rodea y te permite vivir.

- *¿Cómo influyen nuestras experiencias para construir esta felicidad?*

Es fundamental el sentido y el significado que le damos a las experiencias vividas. Las podemos tomar como una consecuencia del destino o como producto de nuestra mala suerte o podemos elegir de forma consciente dar un significado positivo que nos conduzca a un aprendizaje. Si sacamos la parte positiva de lo vivido, desde la fuerza interior, la aceptación y el aprendizaje daremos más pasos hacia un estado de felicidad. Y siempre hay una parte positiva, aunque en un principio no lo veamos.

- *¿Y qué podemos hacer para crear momentos de felicidad?*

Aprender a amarte te trae felicidad y una vez que ya tienes todo tu amor dentro de ti estás preparado para compartirlo con los demás. No se puede dar lo que no se tiene, así que ámate, llénate de amor para poder amar a otros.

Ayudar a otros también nos da felicidad. Ante una enfermedad a veces se toma la actitud de que tienen que ayudarte porque eres tú quien lo necesita y que por estar enfermo no puedes ayudar. Es verdad que tenemos que cuidarnos, querernos, saber recibir ayuda y mirar por nuestra situación pero esto no está reñido con poder ayudar. El ser útiles a otras personas tiene como recompensa ese estado llamado *felicidad*.

En mi opinión, cuando una enfermedad te deja vulnerable y necesitas ayuda, el equilibrio radica en *saber recibir* esa ayuda y en *saber ofrecerla* cuando se te presenta la oportunidad (y estés en condición de poder ayudar).

Cuando damos lo mejor de nosotros mismos para ayudar a los demás, nuestra vida también cobra sentido. Se nos ofrecen oportunidades para realizar el propósito que cada uno sentimos que hemos venido a hacer a este mundo para que sea mejor. Esto es amor y es felicidad.

Vivir con alegría es otra manera de llegar a la felicidad. La alegría la encontramos en las pequeñas cosas de la vida, insisto de nuevo. Si buscamos continuamente la felicidad en el futuro sin verla en nuestro día a día nos quedaremos en eso, en una búsqueda estéril. La felicidad no es un lugar ni un destino. Es una manera de vivir, de seguir en nuestro camino amando, ayudando, valorando, agradeciendo... Es compartir con los que nos rodean y crecer como personas, siendo conscientes de nuestra esencia.

EPÍLOGO

A lo largo del libro, he puesto todo mi empeño en transmitir todo aquello que me ha servido a mí para recorrer mi camino. He avanzado muchísimo y todavía me quedan tramos por recorrer: la diferencia es que ahora cuento con una reserva de recursos poderosos que tengo ya muy arraigados en mi interior; estos recursos me acompañan y me guían, y me ayudan a cosechar resultados con mucha más rapidez y eficacia que antes.

Cada adversidad es una situación única para la persona que la vive, y la superación de esa adversidad da un valor único a la persona que logra trascender sus límites. Llegar a entender que detrás del sufrimiento hay una gran transformación hacia una vida con sentido puede resultar un proceso complicado, y requiere paciencia y esfuerzo. Según vayas avanzando en tu proceso irás tomando conciencia de todo lo que te aporta haber decidido invertir en él.

A través de la superación de mis adversidades y de los grandes aprendizajes que me han aportado, he logrado dar sentido a mi vida y estoy enfocada en un camino que se dirige hacia mi propósito: compartir contigo todo lo que ha contribuido a mi crecimiento personal, a la aceptación de lo sucedido y al agradecimiento. Compartir mis momentos de paz y el logro de mis sueños. Porque la vida merece la pena ser vivida cuando se hace desde el amor y la gratitud.

Las adversidades pueden aparecer con diferentes formas, ya sea una enfermedad, la pérdida de un ser querido o la pérdida de algo muy valioso, y nos van a traer dolor. Esta parte de la vida es inevitable, forma parte del juego de vivir. Pero también puedes hacer que forme parte el juego de la superación. Sentir dolor y tristeza durante un tiempo de crisis y cambio es normal, sobre todo si esa adversidad llega sin avisar. Y saber que esa etapa tiene una fecha final produce alivio y te lleva a la superación. Porque hay otra forma de vivir fuera de ese sufrimiento y tenemos el poder de elegirla.

La adversidad se puede superar, y debes hacerlo para poder vivir la vida que deseas. Tras superar tus límites habrás tenido una transformación con la que habrás logrado sacar lo mejor de ti, habrás resurgido de tus cenizas para florecer desde ellas. Es parte del aprendizaje que nos esconde la vida.

En este libro he querido mostrarte que para llegar a superar algo es fundamental tomar el mando de nuestra vida con una actitud positiva y con confianza en uno mismo. He querido destacar que la determinación, la perseverancia y la alegría contribuyen a hacer frente a la adversidad con eficacia y a conquistar nuestro propósito. También he querido reflejar cómo la reflexión y el autoconocimiento nos llevan a saber qué hay dentro de nosotros, qué es lo que queremos hacer en nuestra vida y para qué. He querido hacerte ver y sentir que el secreto radica en encontrarle sentido a lo que hayas vivido y a lo que te quede por vivir.

Si quieres avanzar debes enfocarte en lo que vas a hacer con lo que te sucede. Puedes crear tu realidad si crees en ella. Usa la imaginación para tener la visión de lo que quieres conseguir y une a esa visión lo que sientes al imaginar que lo has conseguido. Esas emociones que sientes te servirán como motivación para dar los pasos necesarios hacia tus sueños. Pasos que te llevan a analizar los recursos de los que dispones y los que todavía necesitas para enfrentarte a los cambios y a los momentos difíciles. Y que te llevan a gestionar esos recursos de la forma más beneficiosa para ti con el fin de reinventarte siendo cada vez mejor persona.

Y una vez conseguida la transformación que te lleva al camino de tu mejor versión continuar por él, superando límites, resurgiendo como el ave fénix cada vez que haga falta y floreciendo tras la adversidad como una flor de loto, porque ya sabes cómo hacerlo. La vida te traerá otros momentos de incertidumbre, de cambio, de darte la vuelta y volverás a sentirte angustiado, triste, desolado pero esta vez será por momentos más cortos. Ya has aprendido a cuidar tu cuerpo, has trabajado tus creencias limitantes y has revisado tus valores. Has aprendido a utilizar el poder de tu mente a tu favor, a gestionar tus emociones y a conectar con tu esencia. Y ya sabes que debes mantener el equilibrio en los cuatro pilares de tu *ser* para sacar tu mayor potencial y liberar amor y sabiduría.

El propósito del libro es que saques tu mejor versión para que puedas sortear las piedras que aparezcan en tu camino —incluso sacarles algún partido—. Para ello habrás de echar mano de la resiliencia porque te permitirá adaptarte y a su vez aprender. La resiliencia, junto con coraje a la hora de tomar acción, serán tus grandes compañeros de viaje para continuar en el camino aunque aparezcan esas piedras.

Además, ser consciente ya de que los errores son aprendizajes te empuja a avanzar y mejorar. Y también los aprendizajes de lo sucedido te ayudan a progresar y a actuar desde la consciencia, desde la compasión hacia ti y desde tu elección.

Y no me olvido de la constancia y la motivación que te harán repetir, repetir y repetir porque la práctica hace al maestro. Así es como todo el proceso de desarrollo personal que inicias va creciendo y consolidándose hasta que lo integras y forma parte de tu vida esa actitud, esa forma de pensar y esa forma de actuar que saca lo mejor de ti.

El agradecimiento y la humildad son necesarios en tu camino. El agradecimiento a lo vivido por el aprendizaje que te ha proporcionado, a las personas que te han acompañado y a la adversidad que te ha hecho superarte y ser cada vez más fuerte. La humildad que te ayuda a aprender, que te hace ser una persona auténtica y que da valor a tu vulnerabilidad.

Y al final, en este proceso, es imprescindible la conexión con tu esencia que siempre está disponible para guiarte en todo lo que es invisible a tus ojos. Dar lo mejor de ti en cada instante desde la consciencia, en el aquí y ahora, sabiendo que lo que tienes seguro es el presente en el que vives y que desde este presente se abren infinitas posibilidades sobre las que puedes elegir cómo crear tu vida.

Somos mucho más que un cuerpo, que una profesión, que los objetos que poseemos. Somos un ser que piensa, siente y vive con la capacidad de decidir cómo actuar desde su esencia, desde su centro. Conectar con nosotros mismos en el presente nos lleva a la conciencia de nuestro poder interior, a la conciencia de la transformación y del cambio, y a la conciencia de que dentro de nosotros tenemos todo lo necesario para lograr vivir como deseamos.

Espero que la lectura de este libro con los pasos que he descrito haya ido limpiando las capas que cubren tu ser y hayas conseguido pasar los diferentes niveles de tu proceso de desarrollo. Si lo necesitas, podrás repetir de nuevo la lectura del libro, realizar los ejercicios y quitar más capas hasta llegar al punto en el que estarás logrando un crecimiento personal cada vez mayor.

Puedes construir cada momento con lo que te toca, caer y levantarte, resurgir y reinventarte, actuar y vivir. En tu mano está abrir la puerta a una nueva vida que te llene de paz, amor y bienestar.

Gracias por permitirme compartir contigo las vivencias y aprendizajes del camino que me ha tocado recorrer y deseo que te puedan ayudar en el tuyo. Si he podido contribuir a mejorar en algo tu vida, la mía toma sentido. Deseo que también te dirijas hacia tu propósito de vida. Te envío mi amor y un enorme abrazo de energía y fuerza.

ÍNDICE DE EJERCICIOS

SOBRE LA AUTORA

oreto Serrano es farmacéutica y *coach* de desarrollo personal. En su carrera profesional ha ejercido en diferentes cargos como farmacéutica comunitaria, inspectora de calidad y seguridad alimentaria, responsable y auditora de calidad, consultora, formadora, empresaria y titular de su propia farmacia.

Tras licenciarse en Farmacia por la Universidad Complutense de Madrid, realizó un MBA en la Universidad Autónoma de Madrid, lo que le permitió introducirse en la mediana y gran empresa y desarrollar su faceta empresarial. Comenzó desde muy joven a trabajar en empresas de distintos sectores adquiriendo una gran experiencia y múltiples conocimientos tanto en el ámbito personal como laboral.

En su vida personal, ha tenido que atravesar difíciles y dolorosas circunstancias que le han hecho superar sus límites y echarle un pulso a la muerte mientras se agarraba con la otra mano a la vida. Estas adversidades y su continua curiosidad por saber cada vez más la llevaron a formarse de manera continua como profesional de la salud y como especialista en desarrollo personal: dos campos que considera pilares de una salud plena para el ser humano. En el ámbito del desarrollo personal, se ha formado como *coach* profesional, máster y *trainer* en programación neurolingüística y experta en inteligencia emocional.

En la actualidad, ha unido todos estos conocimientos y experiencias para ejercer su pasión: ayudar a otras personas a mantener su salud y a dar sentido a sus vidas. Es un alma inquieta que necesita servir a los demás para cumplir su propósito de vida. Para ello, lleva a cabo una labor de divulgación de salud a través de su *blog* "Consejo y Salud", y ofrece formaciones y sesiones de salud y de desarrollo personal. Ahora inicia su camino como escritora para poder ayudar a que más personas consigan la vida que desean.

Para más información:

- **Web:** www.loretoserrano.com

- **Email:** contacto@loretoserrano.com

- **Blog:** www.consejoysalud.es

- **Instagram:** @loretoserranoramirez

- **Facebook:** Consejo y Salud

- **Twitter:** @consejoysaludls

- **LinkedIn:** www.linkedin.com/in/loreto-serrano-ramirez